나 자신 따위는 없다

JIBUN TOKA, NAIKARA. KYOYO TOSHITE NO TOYOTETSUGAKU
Copyright © ShinmeiP 2024
Korean translation rights arranged with SANCTUARY PUBLISHING INC.
through Japan UNI Agency, Inc., Tokyo

나 자신 따위는 없다

교양으로서의 동양철학

신메이P 저

김은진 번역

나나문고

시작하는 말

모든 것이 허무하다!

32세. 직업을 잃고, 이혼한 후, 부모님과 동거. 만년 이불 속에 파묻혀 지내고 있다.

내 인생의 최 전성기는 18세 때. 동경대에 합격했을 당시다.

고향은 작은 시골마을.

대학 합격자 발표 다음 날에는 마을의 유명인사가 되어 있었다. 동네 마트에서 갑자기 얼굴도 모르는 아주머니가 악수를 청하며 내 손을 힘껏 쥐고 흔들었다.

「동경대에 합격했다면서, 아이고!! 정말로 장하다 장해!!」
아주머니는 눈시울을 적시셨다.
그런데 아줌마, 혹시 저 아세요?

그런 「마을의 신동」이었던 내가 직업과 집, 그리고 아내를 잃고 「가문의 수치」로 전락하여 고향으로 돌아왔다. 실로 14년 만의 일이다.

나는 동네 사람들의 눈에 띄지 않기 위해서 새벽 1시 이후부터 바다 쪽을 향해 산책을 한다. 낚시하는 사람들과 자주 마주치곤 하지만 분명, 유령이라고 생각할 것이다.

이불 밖 세상으로 나갈 수가 없다.

「그냥, 이 세상 모든 것이 허무해.」

라는 이유만으로.
「일을 하는 의미」를 느낄 수가 없다.
「실적」「돈」「성공」
그토록 원했던 것들 이건만 이제는 아무런 의미를 느끼지 못한다.
열심히 살고 싶지만 의욕이 생기지 않는다.
이러한 이유로 일을 하지 않는다니, 정신 상태가 글러 먹었다고요? 옳은 말씀이시다.

시작하는 말

지금 이 상태로는 평생 이불 속에서 헤어 나오지 못하리라.

◆ ◆ ◆

이 허무감을 어떻게 하면 좋을까!?

그에 대한 해답을 찾고 싶어서 많은 책을 읽었다.

제일 먼저 자기계발서를 읽었다.
아니, 거짓말. 읽히지 않았다.

「좋아하는 일을 찾아라.」
「자신의 장점을 살려라.」
「성공을 향해 나아가라.」

이 모두가 도무지 받아들여지지 않는 상태였다.
 지금 이런 말을 듣는 것만으로도 허무감이 10배는 증가하는 것 같다.

다음으로 철학 책을 손에 들었다.

소위 말하는 「서양철학」이다.

데카르트, 칸트, 헤겔.

이름을 열거하는 것만으로도 「나 자신」이 꽤 괜찮은 인간이 된 기분이 든다.

이 사람들은 모두 얼굴에 허무라고 쓰인 듯한 인상을 하고 있다. (망언)

데카르트　　　　　칸트　　　　　헤겔

최강의 지성을 겸비하신 이 분들이라면 허무감을 극복하는 방법, 알고 있겠지.

그런데 문제가 있었다.

서양의 철학자는 「삶의 태도」에 대해서는 그다지 관심이 없는 사람들이 대부분이다.

시작하는 말

말도 안 돼! 왜?

머리가 심하게 좋은 탓에 「**인식이란 무엇인가?**」라는 등의 극도로 추상적인 것들을 사유한다.

이불 속에서 나오기는커녕, 오히려 영원히 갇혀 있게 될 듯싶다.

지금 난, 그런 것 따위를 생각할 처지가 아니란 말이야.

이런 와중에 한 명의 철학가의 존재가 눈에 들어왔다.

정면 그대로 「허무감」을 저격한 그는,

바로 니체다.

19세기 독일에서 태어난 철학계의 슈퍼스타.

니체

니체가 허무감의 극복을 주제로 쓴 『자라투스트라는 이렇게 말했다』라는 책에는 이런 구절이 있다.

> 나는 그대들에게 초인을 가르친다.
> 인간이란 극복되어야 할 그 무엇이다.
> 그대들은 인간을 극복하기 위하여,
> 무엇을 했는가?

와, 멋진 걸!!! 무슨 뜻인지 전혀 모르겠지만 뜨거운 무언가가 느껴지는 듯하다!?

니체를 공부하면 허무감을 떨쳐 버릴 수 있을 것 같다!
라고 생각해, 벅찬 기대감을 안고 조사를 시작했다.

그런데 충격적인 사실을 알고 말았다.

니체, 발병 후 10년 동안 이불 속에서 헤어 나오지 못한 채 죽고 말았다고 한다.

시작하는 말

이놈의 고약한 허무감

이대로는 안 돼!

서양철학에 의지하면 지금의 상황을 한층 더 악화시킬 것만 같은 예감이 들어 그만두기로 했다.

그리고, 마지막으로 손에 잡은 것이 「동양철학」이다.
「동양철학」이라는 말을 들어도 좀처럼 감이 잡히지 않는 사람이 대부분일 것이다.

그런데 여러분, 알고 보면 이 동양철학이란 것이 놀랍도록 유용하답니다.
예를 들어 인도철학의 경우 핵심 주제는 다음과 같다.

「나의 본질은 무엇인가?」

한국사회나 일본사회에서 이런 말을 입에 담으면 완전 이상한 취급을 당할 게 뻔하다.
모두들 각자 속으로는 신경 쓰면서 말이다!

그러나 나를 찾기 위한 철학의 본고장, 인도에서는 상황이 다르다.

지금 이 순간에도 「진정한 자아」를 탐구하는 사람이 몇억 명이나 된다.

게다가, 인도인들의 논리적 사고는 세계 최강의 수준이다.

수학에서 「제로(Zero)」의 개념을 발명한 것 또한 인도 사람이다.

그 인도 철학자들이 몇천 년이나 생각해 온 「진정한 나란 무엇인가」에 대한 답이 궁금하지 않은가?

있었다구요, 「답」이란 게.

그리고 그 「답」을 알고 난 후,

나는 허무감에서 탈출해서 지금 이렇게 책을 쓰고 있다.

동양철학의 좋은 점은 기본적으로,

주된 테마가 「어떻게 살아가야 하는가」이며, 그에 대한 「답」이 존재한다는 것.

흔히 철학에는 정확한 「답이 없다」고 하지만, 동양철학에는 완전 확실하게 「답」이 존재한다! 이런 점에 감사하다.

시작하는 말

그리고 무엇보다 이「얼굴」을 한번 봐 주시기를.
동양철학의 대표적인 철학자, 붓다다.
사람의 표정이 이처럼 온화할 수 있는 거야?
니체의 허무한 얼굴과 격하게 차이를 드러낸다.

동양철학은 좌우지간 마음을 편안하게 해 주는 철학인 것이다.
백수건, 이혼을 한 사람이건, 온종일 이불에 파묻혀 지내는 사람이건 간에 상관없이, 더할 나위 없이 마음이 완전 편안해지는 철학이다.

말이 나온 김에 미리 말해 두자면, 동양철학에는 한 가지 약점이 있다.

친구네 놀러 갔는데, 이 붓다의 포스터가 큼지막하게 붙어 있다면 무슨 생각이 들까?

시작하는 말

뭔가 아주 꺼림칙한 느낌.

친구가 무지 걱정될 것이다.

실제로 내가 본가의 책장에 동양철학 관련 서적을 모아서 나란히 꽂아 두었더니 어머니께서 심각한 어투로 걱정된다고 하신 적이 있었다.

그도 그럴 것이,
동양철학은 그야말로 극약이다.
효과는 최강. 그러나 취급 시 주의하지 않으면 아주 위험하기 때문이다.

하지만 안심하시라. 집요한 권유 등은 하지 않을 것이니.

나는 특정 종교에 속해 있지 않으며, 집에 붓다의 포스터도 한 장 걸어 두지 않았다.

또한 잘못된 내용을 전달하지 않기 위해 종교학자이자 교토대학의 명예교수인 카마타 토오지(鎌田東二) 선생님에게 감수를 받았다. 카마타 선생님은 70대이시지만, 그 연세에도, 백텀블링이 가능한 굉장한 분이시니만큼 아무쪼록 안심하시길 바란다.

이 책은 「철학 에세이」다.
나는 학자도 아니고 승려도 아니다. 「한 사람의 백수가 동양철학을 이렇게 받아들였구나.」라고 생각하며 편안한 마음으로 읽어 주시면 감사하겠다!

자, 이제부터 7명의 「동양철학」의 철학가들을 소개한다.
내가 7명의 철학가를 알게 되고, 어떻게 「허무감」을 극복했는지에 대해 쓰기로 하겠다!
심심할 때 읽어 보시기를!

목차

시작하는 말   4

인도편

1장 무아 「나 자신」 따위는 존재하지 않는다   붓다의 철학

붓다는 누구인가?   22
역대급 스펙을 가진 히키코모리   23
붓다, 나를 찾는 여행을 떠나다   25
격한 수행 때문에 죽을 뻔하다   27
역사를 바꾼 죽 한 그릇   30
「나 자신」 따위는 없다   33
반대로, 「나」는 어디에 존재하는가?   35
고통을 없애는 충격적인 방법   42
붓다와 「무아」의 그 이후   48

2장 공(空) 이 세계는 픽션이다   용수의 철학

용수는 누구인가?   52
용수, 어떤 유명인을 쏙 빼닮은 문제에 대하여   54

용수의 끔찍한 흑역사	56
인도 전체를 논파하다	59
공	62
세계관이 격변하는 무시무시한 철학	63
모두가 「언어의 마법」에 걸려 있을 뿐이다	64
모두가 마법을 사용하고 있다	70
「언어의 마법」의 정체	75
가족도 「픽션」이다	78
회사도 「픽션」이다	83
나라도 「픽션」이다	88
사물조차도 「픽션」이다	92
도시도 「픽션」이다	95
모든 만물은 연결되어 있다	97
경계선 또한 모두 환상이다	99
하나의 사물에서 우주를 보다	109
공을 느낄 때	118
모든 고민은 성립하지 않는다	129
나와 「공」	139
혁명전사가 되기 위해 섬으로	144
개그맨이 되기로 결심하다	147
빈 껍데기가 되니, 「공」의 철학이 가슴에 와 닿았다	150

중국편

3장 도(道) 자연그대로가 최강이다   노자와 장자의 철학

노자는 어떤 인물?	158
심하게 자연 그대로의 상태	160
장자는 어떤 사람?	162
「도(道)」란 무엇인가?	166
「꿈」과 「현실」의 구분이 애매모호	169
도(道)를 이해하면 천하를 얻을 수 있다	176
「도(道)」에서 배우는 결혼전술	179
「도」에서 배우는 이직전술	186
나와 「도」	192

4장 선(禪) 언어로는 설명이 안 돼   달마의 철학

말을 전혀 하지 않는 타입	202
달마 씨는 행운아	204
달마 씨, 심하게 무뚝뚝해서 끝장나다	206
달마 씨, 심하게 말을 포기해 버린 문제	211
또다시 찾아온 기적	214

선, 중국에 퍼지다 217
선이란 무엇인가? 219
책을 있는 그대로의 상태로 보는 것 225
절박한 상황일수록 「언어를 버려라」 231
이 원고가 완성되기까지 233
나와 「선」 234

일본편

| 5장 **타력(他力)** 무능할수록 구원받는다 | 신란의 철학 |

잇큐(一休)도 극찬한 신란의 철학 241
지옥의 교토에서 태어난 엘리트 246
「타력(他力)」의 철학에 도달하다 249
포기하라, 그러면 「공」이 찾아 올 것이다 251
그냥 믿어라 259
신란의 선배 「호넨(法然)」의 약점 262
신란, 막 나가는 인간을 작정키로 하다 266
신란, 체포된 후 개명을 하다 270
신란, 각성하다 272
깨달음의 입구가 확장되다 276
나와 「타력」 279

6장 밀교 욕망은 나쁜 게 아니야   구카이의 철학

리얼 몸짱 구카이	289
만능적인 천재 구카이	290
인싸 구카이	295
동양철학을 공부하는 사람의「약점」	298
초 긍정적인「밀교」	301
「밀교」의「공」	305
만다라에 그려져 있는 것들	309
깨달음에 도달하면 모두 똑같아진다	313
「철저히 변신할 수 있는 것」의 힘	319
대일여래로 변신하다	325
생명을 긍정한다고 하는 것은…	332
성에너지란 무엇이냐?	336
성욕, 가져도 괜찮다	342
나와「밀교」	344
끝맺는 말	352
참고문헌	355

인도 편

1장

무아

「나 자신」 따위는 존재하지 않는다

붓다의 철학

1장 무아 「나 자신」 따위는 존재하지 않는다
붓다의 철학

동양철학을 이야기할 때 이 사람을 빼놓을 수는 없다. 최강의 철학자, 석가모니의 다른 이름,

바로 「**붓다**」다.

「**붓다**」를 모르는 사람은 없겠지만, 자세히 아는 사람은 많지 않을 것 같아 소개하려고 한다.

붓다는 누구인가?

먼저, 붓다에 대해 제일 중요한 점을 말하고 싶다.

붓다는 신이 아닌 「인간」으로 태어났다.

인도 사람이다.

많은 불상과 그림 등에서 너무 「신」처럼 묘사되어 자칫하면 착각하기 십상이지만, 인간이다. 인도사람으로, 아버지와 어머니 사이에서 태어났고, 아마 카레를 즐겨 먹었을 거다.

그러한 붓다는 지금으로부터 2,500년 전의 옛날 사람이지만, 현대인인 나와 똑같은 고민을 가지고 있었다. 그것은,

「**허무감**」이다.

붓다 또한 허무감으로 고뇌했던 사람이다.

하지만 붓다의 업적은 실로 엄청났다.

놀랍게도 허무감을 완벽하게 극복해 낸 것이다.

정말? 그게 가능해?「허무감」이라는 것이 완전히 해결 가능한 무엇이었다고?

나는 붓다의 철학을 알고 나서 인생에서 가장 큰 충격을 받았다.

누군가 나에게「인생에서 가장 큰 영향을 받은 사람이 누구냐?」라고 물으면「붓다」라고 대답하겠다. 그래서 좀 썰렁해질 것 같으면「아카시아 산마(일본의 국민 개그맨)」라고 고쳐 말하면 된다.

지금부터, 이러한 붓다의 전대미문의 인생 스토리와 허무감을 산산이 조각내어 줄 충격적인 철학을 소개하겠다.

역대급 스펙을 가진 히키코모리

붓다는 엄청나게 부유했다.

가령, 고대 인도에 소개팅 앱이 존재했다고 가정하자.

1장 무아 「나 자신」 따위는 존재하지 않는다
붓다의 철학

만약에 붓다가 앱에 등록한다면, 그의 조건은 「역대급 금수저」 수준이어서, 다른 사람들과의 경쟁 구도가 완전히 무너져 버려, 아마도 서비스를 종료해야 할 상황에 처할 것이다.

먼저, 집안이 최상류 층

집안이 왕가이며 직업이 왕자다. 연봉은 너무 많아서 측정 불가능. 두뇌의 명석함 또한 후대의 인류사에 기록될 수준이다.

게다가 용모 또한 아주 뛰어난 꽃미남이었을 것으로 추측된다. 수행 중에 근방에 사는 처자가 별안간 죽을 가져다 준 일도 있었으니 말이다.

그는 큰 성에서 살면서 원하는 것은 무엇이든지 가질 수 있었다. 매일 호화스러운 식탁에서 식사를 하고, 집에는 하렘(후궁들의 처소)까지 겸비하고 있었다. (집안에 하렘을 둔다는 것은 생각만 해도 끔찍하다.)

가족들에게도 부족함 없는 깊은 사랑을 받았다.

「왕자」라는 직업, 꽤 보람되고 멋질 것 같은데 말이다.

그러나!

이처럼 훌륭한 환경임에도 불구하고 **붓다는 「허무감」으로 극심한 고통을 껴안고 살아간다.**

어쩌면 하루 종일 이불 속에 파묻혀 지냈을지도 모른다.

왕자라는 타이틀을 가지고 있었지만, 실제로는 직업이 없는 「니트 족」이었던 것이다.

왕가에서 태어나 허무감으로 이불 속에 갇혀 지내던 붓다.

평범한 서민인 주제에, 「나는 비교적 좋은 환경에서 자랐는데….」라며 허무감을 느끼는 것조차 죄스럽게 생각했던 나 자신이 꽤나 어리석게 느껴졌다.

제아무리 좋은 환경에서 자랐어도 허무감을 느끼는 것은 자연스러운 일이라고 한다. 그것을 고맙게도 젊은 시절의 붓다가 증명해 준 셈이다.

붓다, 나를 찾는 여행을 떠나다

백수는 철학적으로 변하기 쉽다. 왜냐하면 방대한 시간을 쓸 수 있으니까.

1장 **무아**「나 자신」따위는 존재하지 않는다
붓다의 철학

할 일 없이 시간만 많을 때,「인간은 무엇을 위해서 사는가?」라는 등, 골똘히 생각에 잠기곤 하지 않나요? 그렇죠?

나도 이불 속에서 대부분의 시간을 보내며,「블랙홀끼리 충돌하면 어떤 일이 벌어질까?!」라는 등의 동영상을 보면서 우주에 대해 상상하곤 했다.

붓다도 대충 나와 비슷한 상황이었나 보다.

「내 인생에는 어떤 의미가 있는 걸까?」
「진정한 나란 과연 무엇일까?」

하지만, 보통의 백수 하고는 그 스케일이 전혀 달랐다.

너무나 진지해서 깊은 고뇌에 빠져들게 되었고, **어느 날 불현듯 집을 나가 버린다. 그리고 그대로 평생 돌아오지 않았다.**
「출가」를 한 것이다.

발각되면 큰일이 날 테니까 야밤에 조용히 나갔다고 한다.

붓다의「나를 찾는 여행」이 시작된 것이다.

우리들의 자아 찾기와는 차원이 전혀 다르지만 말이다.

「출가」란 다시 말해, 노숙자가 되는 것을 뜻한다.

숲속 같은 곳에서 자는 그런 생활. 치안이 좋을 리 없고,

어쩌면 호랑이가 나올지도 모른다.

붓다, 29세. 대강 30대.

왕자에서 노숙자로 파격적인 변신을 하다. 이유, 나를 찾기 위해서.

대기업에서 벤처기업으로 이직하는 내용 등과는 그 차원이 전혀 다른 스토리.

게다가 당시 그에게는 아내와 막 태어난 아이까지 있었으니 말이다.

출가란 가족과의 연을 끊는 것이기도 하다.

임금인 아버지도 갑자기 후계자가 사라져 버려 패닉 상태에 빠졌을 것임에 분명하다.

격한 수행 때문에 죽을 뻔하다

인도는 참 대단한 나라다. 무려 2,500년 전부터 「나를 찾는 수행」의 본고장이었으니 말이다.

인도 곳곳에는 수행에만 전념하면서 살아가는 「자아 찾

1장 무아 「나 자신」 따위는 존재하지 않는다
붓다의 철학

기」의 전문가들이 많았다.

당시 인도의 자아 찾기 업계에서는 「**사정없이 몸을 혹사시키면 진정한 나를 발견할 수 있다**」는 풍조가 있었다고 한다.

업계의 신참 붓다 역시 이 유행에 동참하기로 한다.

그런데 그 수행의 내용이 보통이 아니었다.

「밤마다 뾰족한 가시 침상에서 잠들기」
「어마 무시하게 많은 양의 머리카락 쥐어뜯기」
「겁나게 긴 시간 숨 쉬지 않기」

허구한 날 이런 고행의 연속이었다. 오래도록 숨을 참으면 머리에 심한 통증이 느껴지면서 몸이 막 타는 것처럼 뜨거워진다고 한다. 헐~ 말도 안 돼!

상상해 보시라. 얼마 전까지 「왕자」였던 이가 자신의 머리카락을 쥐어뜯고 있는 상황을.

도요타 사장의 후계자가 갑작스레 이런 행위를 하고 있다면 『주간문춘』(일본의 유명한 주간지)에서 가만히 보고만 있을 리 없다.

그리고 수행 중에는 좌우지간 밥을 먹지 않는다. 단식이 기본이다.

지금 유행하는 간헐적 단식 수준의 이야기가 아니다. 이 사진처럼 거의 뼈만 남을 정도로 가혹했었다고 한다.

붓다는 이러한 고행을 6년간이나 지속했다.

저라면 절대 못 버팁니다. 1시간 만에 포기하고 집으로 돌아갔을 거다.

하지만, 붓다는 6년간 수행에 전념했어도 여전히 답을 찾을 수 없었다.

누구보다도 진심을 다해 「고행」의 과정을 견뎠건만, 「진정한 자아」를 전혀 발견할 수가 없었다.

그도 그럴 것이,

당시는 50년 이상 수행의 길을 걷는 사람들이 흔했던 세상이다.

겨우 6년 만에 「진정한 자아」를 찾을 수 있다면 다른 사람들도 쉽게 찾을 수 있었을 테니 말이다.

자아 찾기 업계의 선배님들이었다면, 「아직 고행이 부족하다.」는 생각에 그저 묵묵히 수행을 이어 갔을 것이다.

역사를 바꾼 죽 한 그릇

그러나 붓다는 획기적인 것을 생각해 낸다.

고작 6년간이었지만 죽기 살기로 고행의 시간을 견뎌왔다. 그런데도 뭔가 보람을 느끼지 못했다.

「어쩌면 이런 일들이 아무 의미가 없는 건 아닐까…?」

더 좋은 방법이 있을지 몰라, 라고 생각한 것이다.

그러나 방향을 전환하려 해도 너무 심하게 단식을 한 터라 체력과 기력이 거의 바닥난 상태였다. 객관적으로 봐도 죽기 일보 직전의 중년남성이다.

여기서 붓다의 몸이 끝장났더라면 불교는 탄생하지 못했을 것이다.

그러나 붓다는 「행운아」였다. 기적적으로 인류의 역사적 전환점을 만든 인물이 나타난다.

「저 꽃미남 저러다 죽는 거 아냐?」

라고 걱정하며 **근방에 사는 갸루**(일본식 발음의 걸 girl. 특유의 화장을 한 건강한 젊은 여성)가 죽 한 그릇을 가져다주었다.

그녀도 참 대단하다. 보통 사람이라면 「단식하는 사람에게 음식을 주는 것은 실례가 될 거야.」하고 단념했을 거다. 다이어트 중인 사람에게 케이크을 권하지 않는 배려심처럼 말이다.

여기서 붓다는 중대한 양자택일의 갈림길에 서게 된다.

―――이 죽을…? 먹을까, 말까?

생각해 보시라. 붓다는 아내와 갓 태어난 아기를 버리고 오로지 고행의 길만을 걸어왔다. 여기서 죽을, 그것도 갸루가 가져온 죽을 먹어 버리게 되면 지금까지의 노력이 물거

품이 될 게 뻔했다.

　전부인 입장에서 생각해 봐도 「헐! 장난해?」라며 확 열받을 것이다.

　자아 찾기 동종업계인들도 「쯧쯧, 저 친구 이제 끝났네.」라며 비아냥거릴 게 틀림없었다.

　그러나 붓다는, 여기서, 인류 역사에 남을 중대한 선택을 하게 된다.

「나, 죽 먹을래.」

죽을 먹음으로써 보게 될지도 모르는 새로운 경지에 모든 것을 걸었던 것이다.

　후루룩 후루룩. (죽 먹는 소리)

　아…. 맛있어라…. (감상)

　그쵸, 맛있죠…. (갸루의 감상)

　갸루의 자비심이 듬뿍 담긴 죽은 붓다의 뼛속까지 스며들었다.

　붓다의 체력과 기력이 불끈하고 솟아올랐다. 그야말로 과거에는 없었던 최상의 컨디션이다.

　식후 최고의 컨디션을 그대로 유지한 채 커다란 나무 밑

에서 명상을 했더니,

마침내 해탈의 경지에 도달하고 만다.

세상에나! 무슨 그런 일이? 덧붙여 말하자면 이 갸루의 이름은 「수자타」라고 한다. 콘 스프 등으로 유명한 일본 식품회사 이름의 유래이기도 하다.

「나 자신」 따위는 없다

깨달음에 도달했다는 것은 「나 자신」에 대한 답을 찾았다는 의미이기도 하다.
도대체 그게 무엇인가?
그 답은,

「무아」

였다.

1장 무아 「나 자신」 따위는 존재하지 않는다
붓다의 철학

「나」라는 건 없다.

그런 건 없다네요.

말도 안 돼. 없다니요? 여기 이렇게 있는걸요. 무슨 말씀이세요?

예를 하나 들어 보자. 내 방은 원래 지저분해서 항상 물건이 없어진다.

어느 날 하루는, 세상 무슨 일이 있어도 일본 대표팀의 축구경기가 보고 싶어서 텔레비전 리모컨을 방구석구석 찾아 헤맸지만, 결국 찾지 못하고 말았다. 2시간이나 찾아봤지만 끝내 찾지 못한 채 경기는 끝이 났다. 짜증도 나고 속도 상했다.

그런데 그다음 날 깨닫는다. 나는 원래 텔레비전을 산 적이 없다는 것을.

오우, 공포영화야, 뭐야?!.

일이 바쁘고 몸이 고돼서 머리가 약간 이상해진 상태였다.

찾아 헤맸던 리모컨은 처음부터 존재하지 않았다.

「존재하지 않는 것」을 찾는다는 행위는 완전 헛된 일이고 공포스럽기까지 한 고통이었다.

「자아」가 존재하지 않는다면 「자아 찾기」는 보통 고통스러운 일이 아니었을 것이다.

반대로, 「나」는 어디에 존재하는가?

「무아」란 무엇을 뜻하는가? 지금 내가 「나」라고 생각하는 것은 도대체 무엇인가?

붓다는 이렇게 말했다.

「나」란 그저 「망상」일 뿐이다.

사실상, 이 세계는 모든 것과 연결되어 있다.

자세히 관찰해 보면 알 수 있다.

그것이 정말일까? 「망상」이라니, 말이 좀 심하시네.

이러한 이유로 붓다에게 도전장을 던진다.

이 사진(↓)은 나의 「**신체**」 그냥 완전 「나」다.

그런데 말이다. 자주 듣는 말이지만 인간의 몸의 세포들은 매일 교체된다.

1장 **무아** 「나 자신」따위는 존재하지 않는다
붓다의 철학

마감직전의 나

일설에 의하면 3개월이면 대부분 바뀐다고 한다. 밑의 (↓) 사진은 10년 전쯤의 사진이다.

정면을 보고 있는 진지한 얼굴을 찾아봤지만, 당시 나는 사진 찍는 걸 무지 싫어해서 쓸 만한 사진이 한 장도 남아 있지 않았다.

사진 앱의 AI가「이거 너야.」라고 판정해 주었고, 나 또한「나네.」라고 생각된다.

여러분들도 10년 전 자신의 사진을 보고「나네.」라고 생각하시죠?

당근이지.

그런데 놀랍게도 10년 전의 몸과 지금의 몸은 물질적으로 완전히 다른 존재다. 과거의 사진을 보고 있으면 이상한 기분이 들곤 한다.

애당초부터 우리들의 몸은 우리가 먹은 음식들로 만들어진다.

어제 편의점에서 판매하는 치킨을 사 먹었다. 패미치킨(패밀리 마트에서 판매하는 치킨)이다. 소비자는「패미치킨」이라고 불리는 왠지 밝고 명랑한 이름 때문에 그만 속고 말지만, 내용물은 그냥「닭의 몸뚱이」다.

패미치킨을 먹는다는 것은「닭의 몸통」을 흡수한다는 뜻이다.

1장 무아 「나 자신」 따위는 존재하지 않는다
붓다의 철학

지금의 당신의 근육은 당신이 과거에 먹은 「닭의 몸」이다.

「나」의 몸은 음식, 즉 「나 이외」의 것들로부터 만들어져 있다.

한 걸음 더 나아가,
「닭」도 「닭」 이외의 것으로부터 만들어진다. 벌레 같은 것 말이다.
「벌레」도 「벌레」 이외의 것으로부터 만들어 진다. 풀 같은 것 말이다.
「풀」도 「풀」 이외의 것으로부터 만들어진다. 물, 태양 광선 등등.

이 세상 만물은 끊임없이 연결되어 있다.
잘 관찰해 보면, 「이게 나다.」라고 할 수 있는 것은 아무것도 없음을 깨닫게 된다.
「무아」인 것이다.
여기에 한 술 더 떠서, 유감스러우면서도 그로테스크한 진실을 밝히겠다.
지금 이 순간, 같은 공간에 다른 사람들과 같이 있지 않은가?

집, 직장, 전철, 어디라도 상관없다.

그 공간에는 여러 사람들이 내뱉은 「숨」이나 자칫하면 「방귀」까지도 순환한다.

생각하고 싶지 않겠지만 다들 알고 있는 사실임이 분명하다.

우리들은 서로가 서로의 「숨」이나 때로는 「방귀」를, 호흡할 때마다 들이마심으로써 체내에 흡수하고 있다.

우리는 같은 공간에 있는 것만으로, 연속해서 낯선 아저씨 같은 사람들과 물질을 상호교환하고 있는 것이다. 축구의 유니폼 교환처럼 말이다. 그렇게 해서 만들어진 것이 우리의 신체다.

이런 불쾌한 소리를 하게 돼서 미안합니다.

하지만 유감스러울 정도로 모든 것은 연결되어 있다.

그다지 생각하고 싶지 않은 차원에서까지 우리는 서로 연결되어 있다.

◆ ◆ ◆

그렇다고 해도 그리 간단히 「나」 자신이 「없다」라는 말이 믿어지지는 않을 것이다.

1장 **무아**「나 자신」따위는 존재하지 않는다
붓다의 철학

신체는 그렇다 치고 마음은 어쩔 건데?

당신은 지금 이 책을 읽는 동안 여러 가지 생각들을 떠올렸을 것이다.

마음속으로 생각하고 있는 것들. 그러한「생각」들을 보통 우리는「나」자신이라고 여기며 살아간다. 그거야 그렇지.

그런데 말이다.「생각」을 자─────알 관찰해 보면 그렇지 않다는 것을 깨닫게 된다.

이 사진을 한번 보시라.

「카레라이스 먹고 싶다.」

라고 생각하지 않았는가? 생각했다고 해 주시와요.

그런데 말이다. 자——————알 관찰해 보기를 바란다.

「카레라이스를 먹고 싶다.」는 「생각」이 어디서부터 온 것인지는 모르겠지만, 저절로 「떠오른 것」은 아닌가?

그래! 지금부터 「카레라이스 먹고 싶다.」고 생각할 테다!
↓
「카레라이스 먹고 싶다.」

이런 이상한 사람이 있는가? 만약에 계셨다면, 미, 미안….

생각이 떠오르는 순간을 잘 관찰해 보면 점차 생각을 「나 자신」이라고 생각하지 않게 될 것이다. 뭐야, 점점 무서워지는걸. 그럼 도대체 「카레라이스 먹고 싶다.」고 생각한 것은 누구란 말인가? 앗, 소름 끼쳐!

내가 카레라이스의 사진을 보이지 않았더라면 「카레라이스를 먹고 싶다.」고 하는 생각은 떠오르지 않았을 것이다.

내가 「카레라이스의 사진을 보여 주자.」라고 생각한 것도 그 생각이 떠올랐기 때문에 그렇게 했을 뿐이다. 왜 떠올랐는가에 대해서는 나도 잘 모른다.

오늘의 날씨와 관계가 있었는지도 모르겠고, 구름과 태

양의 영향, 어쩌면 우주 규모의 이야기일지도 모르겠다.

「생각」이라는 것은 우주 규모의 관계성 속에서 떠올랐다가 사라져 버린다.

「생각」이라는 것 또한 자연현상과도 같은 것이다.

「생각」뿐만이 아니라 「감정」 또한 그러하다.

「그래 좋다! 지금부터 즐거운 기분이 될 테다!」

「그래 좋다! 지금부터 화난 기분이 될 테다!」

「그래 좋다! 지금부터 슬픈 기분이 될 테다!」

이런 식으로 계속해서 감정을 만들어 내는 사람이 있다면 무지 소름 돋는 일이다.

감정 역시도 「저절로 떠오르는 것」이다.

고통을 없애는 충격적인 방법

몸도 마음도 우주 규모의 관계 속에서 우연히 지금 이 상태로 존재하는 것뿐이다.

우리는 숨을 쉴 때마다 신체의 일부를 낯선 아저씨와 교환하고 있고, 식사를 할 때마다 우리의 신체는 지구와 교체된다.

마음도 날씨 등, 우주의 영향을 받으면서 항상 변화한다.

붓다는 명상을 하며 누구보다도 열심히 「관찰」했다. 그리하여 마침내,

「이것이 나다.」라고 단정할 만한 것은 아무것도 없다.

는 결론에 이른다.

모든 만물은 끊임없이 서로 교체됨을 반복하고 있다.

「나」 또한 예외가 아니다. 이것이 곧 「**무아**」다.

그리고 붓다는 「무아」의 철학으로부터 우리들의 인생이 고통스러운 원인을 완벽히 해명해 낸다.

인생이 근본적으로 고통스러운 원인에 대해 알고 싶지 않은가?

고통의 원인, 그것은 바로

「나 자신」

이다(!)

모든 것이 변해 가는 이 세상에서 변하지 않는 「나」를 만들려고 한다.

그러니까 고통스러울 수밖에 없었던 거네요.

예를 하나 들어 보자. 초등학교 시절, 우리 집 근처에는 작은 강이 흐르고 있었고, 나는 거기에 가서 자주 놀곤 했다.

어느 날, 아주 끔찍한 생각이 문득 떠올랐다.

그 강에는 큰 돌들이 여기저기 굴러다니고 있었다.

이 돌들을 사용한다면,

「강물을 멈추게 할 수 있지 않을까?」

라는 생각으로 나는 범행을 개시했다.

혼자서 날이 저물 때까지 다량의 돌을 운반하여 둑을 완성했다.

「내일이면 강물이 멈추고 나는 범인으로 뉴스에 나오겠군.」 하는 생각에 밤새 한잠도 잘 수가 없었다.

다음날 강가에 나가 보니 **돌로 만든 둑은 무자비하게 무너져 버렸고,**

강물은 변함없이 좔좔 흐르고 있었다.

「와~ 자연의 힘, 장난 아니네.」하고 뼈저리게 깨달은 경험이었다.

아마도 「나」라는 것의 의미는 이 둑과도 같은 개념일 것이다. 변화해 가려는 강을 막으려는 것은 무지 고통스러운 일이다.

우리는 모든 것이 변해 가는 세상에서 변하지 않는 「나」를 만들려고 한다. 그러니 고통스러울 수밖에 없는 것이다.

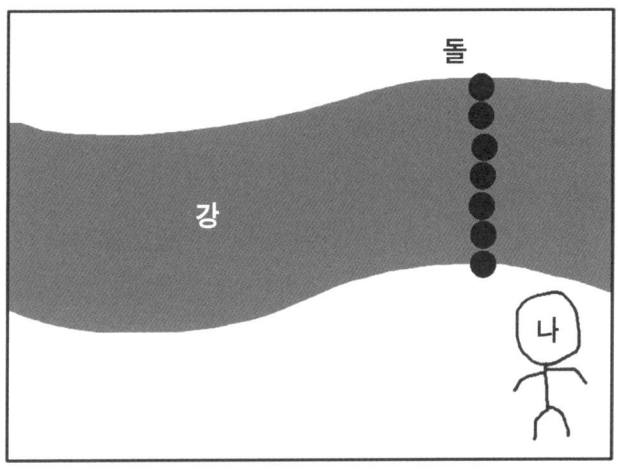

구체적으로 생각해 보자.

개인적으로 나는 30대가 되어서 흰머리가 부쩍 늘어났다.

1장 무아 「나 자신」 따위는 존재하지 않는다
붓다의 철학

　이제껏 흰머리가 보일 때마다 「이런 젠장!」 하고 즉시 뽑아 버리곤 했는데, 최근에는 그 양이 늘어서 눈물이 날 정도로 아프다.

　변화를 거부하며 20대의 젊었을 때의 그대로를 유지하려고 하는 것.

　흐르는 강을 막으려는 것과 같다. 여간 고통스러운 일이 아니다.

　「노화」란 누구에게나 반갑지 않다.

「노화」라는 「고(苦)」를 피하기 위해서,
「젊다」라는 「나」를 만들려고 한다.

　그러한 「나 자신」이야말로 「고(苦)」의 원인인 것이다.

　노화는 막을 수가 없으니 편해지기 위해서는 받아들일 수밖에 없다. 싫다, 싫어~~~

　그런데 아무리 「고통」의 원인이라고 하더라도 「나」를 완전히 버리면 어떻게 되는 거람?

　상상조차 하기 힘들지 않은가?

　다음과 같은 붓다의 말이 남아 있다.

> 「내가 여기 존재한다.」는 만심을 버려라.
> 그것이야말로 최상의 안락이다.
>
> 『우다나바르가』 30장 19

최상의 안락, 즉

「제일 행복하다.」

라고 한다.
「나」를 전부 버리면 「행복하다」고 한다. 진짜인겨!?

여기서 다시 떠올려 보길 바란다. 붓다는 원래 왕자였다.
「맛있다」, 「편하다」, 「에로틱하다」 등의 모든 쾌감을 경험해 본 사람이다.
그러한 붓다가,
「제일 행복하다.」
라고 말하는 것은 의미 있는 발언이 아니겠는가.
너무 리얼해서 무서울 정도다.
이 「제일 행복하다.」의 경지를 닐바나(열반)라고 불렀던

1장 무아 「나 자신」 따위는 존재하지 않는다
붓다의 철학

것이다.

열반의 경지

붓다와 「무아」의 그 이후

붓다는 인간이다. 그리고 평범하게 사망했다. 사망 원인도 명백히 기록에 남아 있다.

어느 날,

「붓다 씨, 정말 존경합니다!」

「제가 만든 요리 한번 드셔 보세요!」

라며 호감형 청년이 가져다준 버섯 요리를 먹고 나서 **식중독으로 사망하고 만다.** 향년 80세. 아이고, 저런, 인도는 더운 나라라서 음식이 비교적 빨리 상하긴 하지.

붓다가 사망하자 많은 사람들이 슬퍼했다.

그리고 제자들이 「붓다의 가르침을 후대에게 전해야겠어!」라며 그의 가르침을 정리하여 문장으로 기록하기로 한다.

그것이 「경전」이다.

제자들의 노력 덕분에 붓다의 가르침은 「**불교**」의 형태로 남아 우리들에게 전해지고 있다.

그러나 문제가 생기고 말았다.

붓다의 「무아」 사상은 너무나도 어려웠다.

「나는 없다.」라고 하는 알 것 같기도 하고 모를 것 같기도 한 이 느낌….

결국, 붓다의 가르침에 대한 해석을 둘러싸고 제자들은

1장 　**무아** 「나 자신」따위는 존재하지 않는다
붓다의 철학

여러 그룹으로 분열하였고, 몇백 년에 걸친 대논쟁으로까지 발전해 갔다. 논쟁을 거치게 되면서 붓다의 시절에는 아주 심플했던 가르침이, 학자들만 이해할 수 있을 정도의 복잡한 것으로 변질돼 버리고 만다.

결국, 민중의 마음은 불교로부터 멀어지기 시작하였고, 불교는 존속의 위기에 처하고 말았다.

그러나! 700년의 시간이 흐른 후, 기막히게 똑똑한 천재의 등장으로 상황은 일변한다.

그는 인도의 모든 학자들을 논파해 버린다. 불교는 또 한 번 심플하게 탈바꿈하며 모든 사람들을 위한 가르침인 「대승불교」로 마침내 크게 부활한다.

그 천재의 이름은 「용수(龍樹: 나가르주나)」라고 한다.

다음 장에서는 용수에 대해서 소개하겠다. 그의 철학을 접하는 것으로 「나는 없다.」라고 하는 의미를 더욱 선명하게 이해할 수 있을 것이다.

인도 편

2장

공(空)

이 세계는 픽션이다

용수의 철학

2장 공(空) 이 세계는 픽션이다
용수의 철학

「용수」라는 이름을 들어 본 적이 있는가? 아마 없지 않을까?

먼저 용수는 붓다와 같은 신이 아닌 인간이다. 그리고 인도 사람이다.

그는 일단 독보적인 천재였다. 먼저 어떤 인물이었는지에 대해 소개하겠다.

용수는 누구인가?

우선 비주얼부터 체크해 보자. 이것이 용수의 이미지다.

먼저, 등 뒷부분을 주목해 주시길 바란다.

엄청 많은 뱀들이 우글거리고 있는데, 이 사람 무사한 겁니까?

이 그림은 용수가 「뱀들에게 포위당한 절체절명의 상황」을 그린 게 아니다.

오히려 용수가 뱀의 지혜와 파워를 겸비하고 있음을 상징하고 있다.

요컨대 「**용수는 엄청나게 강하다**」는 뜻이다.

실제로 인도의 모든 학자들을 논파했을 만큼이나 강력했

었다.

2장 공(空) 이 세계는 픽션이다
용수의 철학

용수, 어떤 유명인을 쏙 빼닮은 문제에 대하여

사실 나는 용수를 볼 때마다 어느 유명인이 떠오른다.

―논파라는 키워드.

―「대단한 사람이라고 생각하지만 그다지 친구는 되고 싶지 않은 타입」의 인물.

―흰 피부와 윤기 있고 통통한 입술.

… 한국에서는 잘 알려지지 않았겠지만,

일본의 인터넷 게시판 2채널의 창업자 **히로유키**다.

잘 모르는 사람들을 위해서 설명한다. 히로유키는 천재적인 IT기업가이면서 동시에 「논파왕」으로도 잘 알려져 있다. 나도 과거의 2채널의 사용자로서 경애심을 가지고 있지만, 이 책에서는 일부러 존칭을 생략하고 「히로유키」로 부르기로 하겠다.

그럼 바로 용수와 히로유키, 두 사람의 초상을 비교해 보자.

뭔가 좀 닮지 않았는가?

 (거의 똑같이 생긴 자료가 있었는데 저작권 관계로 사용을 못 했다….)

 이러한 의미에서 이 장에서는 용수를 「인도의 논파왕」으로 소개하겠다.
 불교 관계자 여러분이 이 책을 읽으신다면 진짜 죄송합니다!! 더 이상 읽지 마시기를!!

2장 공(쏜) 이 세계는 픽션이다
용수의 철학

용수의 끔찍한 흑역사

그러한 「인도의 논파왕」 용수는 어떠한 인생을 살았는가?

실제로 「용수보살 전」에 **기상천외한 흑역사**가 기록되어 있다. 이를 소개한다.

용수는 젊어서부터 천재로 유명했다고 한다.

그는 자신처럼 천재인 절친 3명과 늘 같이 어울려 다녔다.

이 4인방은 지나칠 정도로 오만방자했다.

아주 교만하여 안하무인으로 행동했었다고 전해진다.

그러나 공부만 잘하는 인간들은 어느 시대이건 변치 않는 약점을 소유한다.

이성에게 전혀 인기가 없었다.

그리고, 비인기남 청년들이 저지른 성욕 대폭발 사건이 일어난다.

타고난 두뇌로 투명인간의 기법을 이용해, 대담하게도 임금의 하렘(후궁들의 처소)에 불법침입을 감행한다.

(「투명인간의 기법」에 대해 캐물어 따지는 것은 옳지 않

다. 동양철학 업계에서는 흔히 있는 일.)

그리고, 세상에나…! 하렘의 여자들을 전원 능욕하는 우를 범하고 만다.

헐?! 그건 명백한 범죄잖아!

용수 일당들은 지나치게 날뛰다가, 「투명인간이 있나 봐!」라고 들켜 버린다.

(「투명인간의 기술」에 대해 캐묻는 것은 옳지 않다.)

이에 확 열받아 버린 임금이 수백 명의 병사에게 명령한다.

「왕궁의 문을 모조리 봉쇄하고 검을 닥치는 대로 휘둘러라!」

그리하여 용수의 친구 3명은 한순간에 목숨을 잃고 만다.

그런데 용수만은 살아남을 수가 있었다.

왜인가?

용수만이 격하게 열받은 임금의 바로 옆에 숨어서 끝끝내 들키지 않을 수 있었다.

「설마 그런 곳에 숨을 리가 있겠어.」라는 논리다.

역발상이로군. 진짜 머리 좋네.

그러나 두뇌의 사용 방법이 절망적이리만큼 수치스러웠다.

성욕의 광란. 친구 3명의 죽음.

2장 공(空) 이 세계는 픽션이다
용수의 철학

글자 그대로 「안하무인, 오만방자함」의 결과였다.

그렇게 **「천재적으로 똑똑했지만 비인간적」**이었던 청년 용수는 이 사건을 계기로 통렬하게 반성하고, 불교의 길로 들어서 세상을 위해 타인을 위해 살아간다.

「인간성이 바닥난 인간일지라도 바뀔 수 있다.」라는 것을 몸소 체현한 것이 용수의 삶이었다.

「불량청소년이 커서 성실한 교사가 되었습니다.」라는 등의 스토리와는 비교가 안 되는 엄청난 스케일의 개과천선이다.

청춘의 끝은 불현듯 다가온다

인도 전체를 논파하다

붓다의 사망 후 700년. 당시의 불교는 위기적인 상황에 놓여 있었다. 어째서인가, 범접하기 어려울 정도로 상당히 복잡한 가르침이 되고 말았다.

붓다가 생존했을 당시에는 「마음을 잘 관찰해 봐! 그러면 「나 자신」이 없다는 것을 깨닫게 되고 마음이 평온해질 거야!」라는 아주 심플한 가르침이었다.

그러나 붓다의 열반 후, 「내가 없다.」라는 「알 것 같기도 하고 모를 것 같기도 한 뉘앙스」 때문에 모두들 방향을 잃고 헤매게 된다.

그렇게 700년의 세월 동안 학자들이 격렬한 논쟁을 거듭한 후, 불교는 한 권의 책으로 정리되었다.

그 서적의 이름은 『아비달마대비바사론』. 헐~ 제목부터가 읽기도 어렵네.

이 책은 **무려 총 200권으로 되어 있다.** 뭐야, 『고치카메』(일본의 대인기 개그 만화로 무려 전 200권!을 연재했다.)가 떠오르는군.

그런 가르침이 일반인들에게 받아들여질 가능성은 전무

2장 공(空) 이 세계는 픽션이다
용수의 철학

했다.

 그 이전 문제로, 당시에는 글을 읽을 수 있는 사람이 거의 없었다.

 불교는 매우 높은 장벽에 둘러 쌓이게 되고, 민중의 마음은 점점 멀어져만 갔다.

 상황이 이렇다는 건, 무언가 결정적으로 잘못되어 있음에 틀림없다는 이야기다.

 예를 들어, 연애 상담사가 「어떻게 하면 이성에게 인기를 끌 수 있는가.」에 대해 가르쳐 주었는데, 제자가 「인기」란 무엇인가에 대해 200권의 논문을 써 버린 상황이나 다름없다.

 이성이 딱 싫어하는 행동이다.

 그러한 불교의 위기 상황에 혜성처럼 등장한 것이 인도의 히로유키, 용수다.

 용수는 천재였지만, 지식과 이론만을 중시하지는 않았다.

 자신의 흑역사를 거쳐 불교

의 길로 들어선 사람이다.

「인간성이 바닥나더라도 개과천선할 수 있다.」는 것을 몸소 실천으로 증명했다.

그리고 700년 간의 논쟁 모두를 **「시시한 말장난」**이라고 논파하는 충격적인 결론을 내놓았다.

용수에 의해서 200권이라는 분량의 붓다의 가르침이 고작 1글자로 요약되었다.

한… 글자… 라고? 그렇게까지 싹 다… 줄여 버린 거야?!

「공(空)」이다.

이 세상 모든 만물은 「공(空)」이다.

용수에 의해 불교는 극도로 심플한 가르침이 되어, 누구든지 구원받을 수 있는 불교, 그 유명한 「대승불교」로서, 믿을 수 없는 대부활을 이루게 된다.

용수 덕분에 불교는 세계적인 종교가 되었다. 일본의 불교도 거의 대부분이 대승불교에 속한다.

그럼, 그 **「공」**이란 도대체 무엇인가? 소개해 보도록 하겠다.

2장 공(空) 이 세계는 픽션이다
용수의 철학

> # 공

이 세상 모든 만물은 「공」이다.
어떠한 의미인가?
용수의 언어로 소개해 보자.

> 이 세상은 모두 마음먹기에 달려 있으며, 마치 환상의 형태로 존재한다.
>
> 『대승에 관한 20시 구절』 18

모든 만물은 「환상」이다. 다시 말하면,
이 세상은 모두 「픽션」이라는 뜻이다.
「픽션」 이 한 단어로 붓다의 「나는 없다.」라는 의미가 순식간에 명료해진다.

세계관이 격변하는 무시무시한 철학

「픽션」. 쉬운 예로 미키마우스를 들 수 있다.

같이 한번 생각해 보자.

누군가 「미키마우스는 존재하는가?」라고 물으면 당신은 어떻게 대답하겠는가?

많은 사람들의 마음에는 「존재한다」. 그러나 실제로는 「존재하지 않는다」.

「있다」고도 「없다」고도 단언하기 어렵다.

이 절묘한 느낌. 그것이 바로 「공」인 것이다.

이쯤에서 내가 개인적으로 제일 감동한 용수의 말을 소개하고 싶다.

> 모든 만물은 간다르바의 성곽과 같은 형상일 뿐이고, 한낱 아지랑이나 꿈에 불과하다.
>
> 『중론』 17-33

2장 공(空) 이 세계는 픽션이다
용수의 철학

갑자기 등장한 간다르바의 성곽이라는 수수께끼 같은 단어.

간단히 설명하자면, 간다르바라고 하는 신비한 능력을 가진 사람이 마법을 사용해서 만든 환상의 성이라고 한다.

마법으로 만든 환상의 성,

을 요즘식으로 말하자면, 「**신데렐라의 궁전**」과도 같다고 할 수 있겠다.

좀 더 대범하게 말해 보겠다.

용수는 「공」의 철학을 다음과 같이 말하고 싶었던 것이다.

이 세상은 「디즈니랜드」와 같은 거다.

모두가 「언어의 마법」에 걸려 있을 뿐이다

디즈니랜드가 픽션의 세계인 것은 모든 사람이 알고 있다.

그러나 이 세상이 모두 픽션이라는 것은 무슨 의미인가?
용수는 이렇게 말한다.

> 이 세계는 언어의 허구성으로부터
> 만들어진 것이다.
>
> 『보행왕정론』 1-50

이 세계는 「언어의 마법」이 자아낸 환상일 뿐이다.

예를 들어, 이 사진을 같이 한번 보자.

별로 특별할 것 없는 옆집 아저씨 같은 인상의 남성.

그러나 이 사진에 다음의 언어들을 붙여 보자.

2장 공(空) 이 세계는 픽션이다
용수의 철학

어마어마한 언어의 마력.

갑자기 체간이 꼿꼿하게 선 멋진 중년 남성으로 보이지 않는가?

「사장님」, 「크리에티브 디렉터」, 「CIA」라는 단어 또한 같은 역할을 한다.

왠지 멋져 보인다.

있는 그대로를 본다는 건 사실 매우 어렵다.

「언어의 마법」이 만들어 내는 환상이 강력하기 때문이다.

◆ ◆ ◆

또 다른 예를 한 번 들어 보자.

다음의 일러스트를 봐 주시기를.

2장 공(空) 이 세계는 픽션이다
용수의 철학

  많은 사람들이 좋아하는 「패미치킨(패밀리 마트에서 판매하고 있는 치킨)」이다.

  이 치킨은, 나비넥타이 옷을 입고 있는 듯한, 대중 친화적인 느낌의 디자인이 가미된 포장지로 싸여 있다.

  그러나 한 번 냉정히 생각해 보시라.

  이건 그냥 「죽은 닭의 몸뚱아리」다.

  그것을 얇은 종이 포장지 위에 「패미치킨」이라고 써 놓으면, 귀엽고 대중적인 캐릭터를 연상케 하는 환상의 이미지를 자아낸다.

  우리들은 꽤나 어리숙하며,

  「언어의 마법」 앞에서는 너무나도 무력하다.

◆ ◆ ◆

  단지 「패미치킨」뿐만이 아니다.

  콧물 셀럽. 북해도 치즈 찐빵. 블랙 썬더.

  이 세상은 언어의 마법에 완전히 지배당하고 있다.

「콧물 셀럽」

셀럽의 환상을 안겨다 주는 촉촉한 콧물용 티슈. 이 티슈를 쓰고 있는 사람 중에는 진짜 셀럽이 있을까?

「북해도 치즈 찐빵」

북해도의 광활한 대지를 연상케 하는 빵. 북해도 지도의

2장 공(空) 이 세계는 픽션이다
용수의 철학

마력이 완전 강하지?

「블랙썬더」

검은 천둥의 환상을 떠오르게 하는 과자. 무엇보다 검은 천둥이란 게 도대체 뭐야?

모두가 마법을 사용하고 있다

그리고 우리들도 무의식적으로「언어의 마법」을 사용하고 있다.
예를 들어 보자. 이 책의 편집자는「오가와상」이다.

그녀는 노련한 언어의 마술사다.

오가와상은,

「저는 북해도 출신이에요!」

라고 자주 어필하곤 한다. (자신감에 찬 표정으로)

북해도.

일본의 도도부현(都道府県)중에서 가장 매력적인 곳으로 15년간 연속 1위로 뽑힌 챔피언이다.

2장 공(空) 이 세계는 픽션이다
용수의 철학

나에게는 오가와상이 이렇게(↑) 보였다.

그러나 뒤에 충격적인 사실이 발각된다.

「6살까지는 사이타마현에 살았었다」는 것이다.

나는 생각했다.

―그럼,「사이타마 출신」아닌가?

사이타마 현.

도도부현의 매력도 랭킹은 47개의 도도부현 중에서 45위다(2023년). 북해도와 비교하면 말 그대로 천지차이.

그 후, 오가와상이 뿜어내던 북해도의 후광은 소멸됐다.

(←)

오가와상은「북해도 출신」이라는 것으로 자신을「포장」했던 것이다. 이 정도로 극단적이지는 않지만 우리들도 분명「언어의 마법」으로 자신을 포장하고 있을 것이다.

이런 식으로 우리들은 자연스레「언어의 마법」을 사용하며 살아간다.

서로 잘 아는 사람들 사이에서도 서로가 서로에게 환상을 보고 있다

「언어의 마법」이 가장 강력한 힘을 발휘하는 것은 연인 사이다. 이것은 전형적인 남녀 한 쌍의 커플을 그린 일러스트다. 흔하지 않은가? 이런 그림.

2장 공(空) 이 세계는 픽션이다
용수의 철학

이 그림의 배경을 한번 보자.

하트의 도형들이 공중에 둥둥 떠 있다. 실제로 이만한 크기의 하트들이 난무하는 상황이라면 사람에게 부딪칠 수 있어서 위험할 것이다. 그러나 이 하트가 「환상」이라는 것은 모든 사람이 알고 있다.

그렇기 때문에 추상적인 하트 도형이 떠다니는 말도 안 되는 상황에서도 이 그림을 쉽게 받아들일 수 있다.

우리들은 환상을 보는 것에 너무나도 익숙해져 있다.

「언어의 마법」의 정체

그건 그렇다 치고, 여기서 다시 논파왕 용수 이야기로 돌아가자.

「남자 친구」,「여자친구」.

용수 입장에서 보면 이런 단어들 또한 언어의 마법이 만들어 낸 환상인 것이다.

이 남녀 커플을 용수라면 이렇게 논파할 것이다.

> 그들은 〈의존관계에 의해서 생겨난 것〉을 본성으로 하는 환상의 세계를 걷고 있다.
>
> 『대승에 관한 20시 구 편』 8

어떠한 의미인가? 「남자 친구」,「여자 친구」는 서로가 의존하기 때문에 생겨나는 환상이라는 것이다.

그다지 어려운 이야기가 아니다.

여자 친구가 없는데 「**나는 남자 친구입니다.**」라고 주장하는 사람이 있다면 어떻게 되겠는가?

2장 공(空) 이 세계는 픽션이다
용수의 철학

완전 썰렁하다.

남자친구란 상대가 있을 때 비로소야 성립되며 「남자 친구의 존재」만으로는 성립할 수 없다.

「남자 친구」, 「여자 친구」는 상대의 마음 안에 있는 「환상」이다.

서로가 「언어의 마법」을 걸어서 「환상의 세계」를 만들고 있을 뿐이다.

상호의존으로 만들어지는 관계성

◆ ◆ ◆

「환상」이기 때문에 우리의 존재는 끊임없이 변화해 간다.

「완전 타인」→「친구」→「남자 친구」→「남편」→ (이혼) → 「타인」

분명히「동일인물」이지만 점차 변화해 간다.

이 사람 자체로는 실체가 없다.

그리고 환상이 사라지면 이 사람도, 우리들도, 「아무것도 아닌 것」이 된다. 「공」인 것이다.

가족도 「픽션」이다

환상의 존재는 「남자 친구」, 「여자 친구」만이 아니다.
섬뜩한 이야기지만 모든 인간관계가 이에 해당한다.
전혀 「환상」같이 느껴지지 않지만, 먼저 「가족」을 생각해 보자.
여기서 질문 하나를 던져 보겠다.

Q. 「형」과 「동생」, 누가 먼저 태어났을까?

지금 독자 상대로 장난치는 거니?
라고 꾸중을 들을지도 모르겠지만 잘 한번 생각해 보시길 바란다.
상식적으로 생각하면 당연히 「형」이 먼저 태어났을 것이다.

그러나 용수에 의하면 정답은 **형과 동생이 「동시」에 태어났다**, 이다.

어떠한 의미인가? 「형」&「동생」도 「남자 친구」&「여자 친구」와 같은 이치다.

상호 간의 의존에 의해서 성립되는 것이다.

예를 들면, 나는 외아들이다. 그러나 어느 날 갑자기 어머님이 출산을 해서 동생이 태어나는 순간 나는 형이 된다. 요컨대 동시인 것이다.

동생도 없는데 「나는 형입니다.」라고 말하는 사람이 있다면 분위기가 쏴~ 해질 거다. 누구의 형이라는 말씀이신지?

뭐라고?

2장 공(空) 이 세계는 픽션이다
용수의 철학

「아버지」와 「아들」도 마찬가지다.

당신의 아버지도 물론 갓난아기일 때가 있었다.

당연히 아기 때부터 「아버지」는 아니었다.

「당신」이 존재하기 때문에 「아버지가」 된 것이다. 말해 놓고 보니 어쩐지 감동적이다.

「아버지」와 「아들」조차 서로가 언어의 마법으로 만들어 내는 「환상」의 존재에 불과하다.

거꾸로 설명하자면, 초면인 경우라도 내가 중년 남성에게 「아버지」라고 부르고, 중년 남성이 나에게 「아들」이라고 부르면, 아버지⇔아들의 관계는 둘 사이에서 성립된다.

「그런 일이 있을 수 있어?」라고 생각할지도 모르겠지만,

그런 일은 실제로도 일어난다.

내가 초면의 중년 남성에게 「아버지」라고 부른 적이 있었다.

맞다. 결혼했을 당시다.

「결혼」은 나에게 있어 과히 놀라운 경험이었다.

상대의 부모님과는 결혼을 앞두고 처음 인사를 드리러 가서 뵀다.

작년까지만 해도 타인이었던 중년의 남녀가 갑자기 아버님과 어머님이 된 것이다. 아빠와 엄마가 배로 증가하다니. 이럴 수가!

솔직히 말하자면 나에게 그 상황은 꽤 당황스러웠다. 어떻게 처신해야 좋을지 도무지 알 수가 없었다.

잘 한번 생각해 보면 아내도 원래는 타인이다.
「가족」이란 타인들이 서로 「가족」을 연기함으로써 「가족」이 되는 것이다.

자신의 부모도, 그들의 부모 역시도, 세상의 모든 사람들이 가족을 연기하고 있다.
마치 디즈니랜드의 배역들과도 같이.

2장 공(쏜) 이 세계는 픽션이다
용수의 철학

아이들은 이 사실을 모르고 있을 뿐이다.

결혼을 하고 나서 처음으로 알아 버린 현 세계의 비밀. 「가족」관계도 완전 픽션인 것을.

충격이었다.

충격을 받은 나머지 가족을 제대로 연기하지 못하던 나는 이혼을 했다.

그 결과, 「아내」, 「아버님」, 「어머님」이 모두 사라졌다. 놀라웠다.

지금 돌이켜 보면, 당시의 가족은 말 그대로 환상이었다.

전처의 아버님과 어머님이 나에게 맛있는 초콜릿 등을 사다 주시곤 하셨는데, 그때를 생각하면 마음이 짠해 온다.

> 이 세계의 모든 것은 그저 마음이 그려 내는 것이고, 마치 환상과도 같은 형태로 존재하고 있을 뿐이다.
> 『대승에 대한 20시 구 편』 18

용수의 문장이 사무치게 와 닿는다.

회사도 「픽션」이다

가족이 픽션이기 때문에 「회사」는 두말할 것 없이 완전 픽션, 「공」이다.

구체적인 예를 살펴보자.

이 책을 출판한 일본의 회사는 **「생크추어리 출판」**이라는 회사다.

회사명을 처음 접했을 때, 굉장한 이름이라고 생각했었다. 출판의뢰의 메일을 받았을 때는 「정말 존재하는 회사인가?」라는 불안한 생각이 들었던 기억이 난다. (죄송합니다.)

「생크추어리」란 「성역」이라는 의미다.

이런 회사명이라면 종교계열의 회사인가?라고 생각되어 홈페이지를 조사해 봤더니 그렇지는 않았다.

회사명의 유래, 만화책 이름이었다고~!

아마 세상의 대부분의 회사명은 그 회사의 사장님이 대충 붙였을 거다.

세상에는 다음과 같은 회사명마저도 있는 모양이다.

2장 공(空) 이 세계는 픽션이다
용수의 철학

「변태기업카멜레온」, 「멋진나이스그룹」, 「버거햄버거버거」….

「변태기업카멜레온」이라는 이름조차도 법무국에 서류를 내기만 하면 세상에 존재하는 회사가 된다.

회사라는 것은 픽션이다.

단지 그 회사의 사람들 전원이 「존재한다.」고 정해 놓았을 뿐이다.

그렇게 설정해 놓은 픽션에 불과하다.

「공」인 것이다.

◆ ◆ ◆

회사가 픽션이라고 하는 것은, 회사 안에서의 인간관계 역시도 모두 픽션에 지나지 않는다는 이야기가 된다.

만약 당신이 회사원이라면 회사 사장님과 처음 만났을 때를 떠올려 보시라. 「이분이 사장님이십니다.」라고 소개받았던 날을.

「이 사람이 사장이란 말이지….」라고 생각하면서 **「존경심을 가지고 있는 듯」** 연기했을 가능성이 높다.

놀랍게도 그날 이후로도 당신의 연기는 계속해서 진행되고 있는 것이다.

당신은 언제든 환상에서 깨어나도 좋다.
「이 사람은 더 이상 나의 사장님이 아니야.」라고 결정한 순간, 당신은 자유가 된다.
「사장님」과 「사원」도 역시, 서로의 존재에게 의존할 때 비로소 만들어지는 관계인 것이다.
사원 전원이 회사를 그만두면 모두의 사장님도 소멸된다.
언뜻 보기에 사장님 쪽이 사원보다 훨씬 강해 보이지만, 용수에 의하면 동격인 셈이다.
「사장」을 최고경영책임자라고도 부르는데, 이는 결국 「역할」을 의미한다.
「미키마우스」와 같은 환상에 불과하다.
미키마우스는 「미키마우스」를 「미키마우스」라고 인정해주는 사람들 때문에 존재할 수 있는 것이다.

2장 공(空) 이 세계는 픽션이다
용수의 철학

◆ ◆ ◆

말이 나온 김에 이야기하자면,

나는 내가 회사원이 되고 나서 처음으로 임원이라는 단어를 알게 되었다.

아마도 회사에서 대단히 잘나가는 인간들 대부분은 임원일 확률이 높을 것이다.

임원이라는 말은 아주 보잘것없는 호칭 같은데, 실제로는 꽤 높은 자리로, 부장님보다도 높은 직위라는 것을 처음 알았다.

나는 「임원」이라는 단어가 어딘가 코믹하게 느껴진다.

말 그대로 어떤 주어진 「역할」을 한다는 의미가 아닌가?

다시 디즈니랜드 이야기로 돌아가자.

사장님이 미키마우스라면, 임원은 도널드나 구피 정도이고, 「사원」은 그 밖의 배역진.

◆ ◆ ◆

그리고 또 하나, 회사라고 하는 픽션에서 빼놓을 수 없는 것이 있다.

「건물」이다.

이 사진은 내가 근무했었던 회사가 입주했었던 빌딩이다.

「회사가 버젓이 존재하잖아.」라고, 말하고 있는 「나 자신」조차도 느껴진다.

픽션감이 전혀 없다고.

그런데 말이다.

내가 회사를 그만두고 나서 **그 회사는 다른 건물로 이사를 했다고 한다.**

그 말을 들은 후, 사진을 보고 있으면 이전 나의 회사생활은 단지 꿈이었던 것 같은 느낌이 든다. 신기하다.

회사의 건물은「신데렐라의 성」과 마찬가지로 픽션이다. 「공」인 것이다.

> 모든 만물은 간다르바의 성곽과 같은 형상일 뿐이고, 한낱 아지랑이나 꿈에 불과하다.
>
> 『중론』17-33

나라도「픽션」이다

놀라워하지 말지어다. 용수에 의하면 나라 역시도 픽션이다.

기이한 이야기부터 시작하겠다.

「시랜드공국」이라는 나라를 들어 본 적이 있는가? 영국에서 10km 정도 떨어진 바다 위에는, 테니스 코트 크기 정도의 요새가 하나 떠 있다.

어느 날 한 어부가 이 요새를 점령하여 **「새로운 나라를 만들었다!」라고 건국을 선언했다.**

그것이 「시랜드공국」이다.

50년 전쯤의 이야기다. 현대에도 그런 일이 가능하다고?

그런데 어떤 나라도 「시랜드공국」의 존재를 인정해 주지 않았다.

그렇기 때문에 「나라」는 어디까지나 자칭이다.

다른 나라들로부터 인정을 받지 못하면 「나라」가 될 수 없다.

상대가 없음에도 불구하고 저는 「남자친구입니다.」라고 말하는 것과 다를 바 없는 것이다.

그러나 여기에 「나라」의 비밀이 있다.

만약에 일본이 「시랜드공국을 인정합니다.」라고 선언을 하면 어떻게 될까?

2장 공(空) 이 세계는 픽션이다
용수의 철학

시랜드공국은 정말 「나라」가 된다.

「나라」 또한, 남자친구 여자친구와 같이 서로가 인정해 주었을 때, 처음으로 성립되는 픽션인 것이다.

아주 작답니다.

이와 관련하여 언급해 두자면 나는 「시랜드공국」의 「작위」를 가지고 있다. 이것이 작위서다.

여기, 찬란하게 빛나는 「LORD」의 칭호를 보시오.

일본어로 말하면 「경(卿)」, 볼드모트 경의 「경」이다.

이 작위는 돈으로 살 수 있는데, 클라우드 펀딩을 실시해서 작위를 여기저기 마구 남발하고 있다.

나도 무직자로 명함도 없고 왠지 불안해서 50,000원에 구입했다.

지금 나의 유일한 직함은 「시랜드 공국의 LORD」다.

「나라」도 두말할 것 없이 픽션인 것이다.

지금까지의 이야기를 간단히 정리해 보자.

용수에 의하면, 이 세상은 디즈니랜드와 같은 것이다.

「가족」, 「회사」, 「나라」도 모두 픽션이다.

디즈니랜드에서 밖으로 퇴장할 때, **「다시 현실 세계로 돌아가는구나~」**라는 말을 한 적이 있는 사람들도 꽤나 많을 것이다.

그러나 실제로 우리들은 **픽션 세계에서 픽션 세계로 이동하고 있을 뿐이다.**

2장 공(空) 이 세계는 픽션이다
용수의 철학

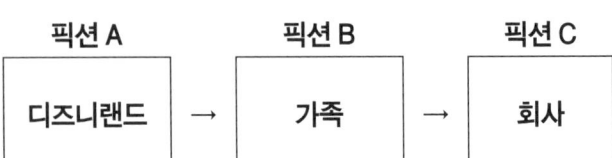

사물조차도 「픽션」이다

「공」의 철학이 대단한 이유는 지금부터가 중요하다. 지금까지는 인간관계가 픽션이라는 이야기를 했다.

이제부터는 **사물조차도 픽션**이라는 이야기를 하려고 한다.

「커피잔」을 예로 들어보자. 용수에 의하면 **커피잔도 「픽션」이다**. 말이 안 된다고요? 하지만 잘 한번 생각해 보면 알 수 있다. 「도예」를 해 본 경험이 있는 사람이라면 이해하기 쉬울 것이다.

흙   주물럭주물럭   빙빙빙   「커피잔」

커피잔이 원래는 「흙」이라는 사실을 그림으로 정리했다.
어떠한가?
「커피잔」이라는 모양만 바뀌었을 뿐 내용은 「흙」이다.
「커피잔」은 언어의 마법이 연출하는 환상일 뿐이다.
그 증거로 당신과의 관계로 커피잔은 점차 변신한다.

꽃을 꽂으면 「꽃병」
팔려고 내놓으면 「상품」
버리고 싶으면 「쓰레기」

이제, 「커피잔」이 환상이라는 것이 이해되는가?

재미있는 것은, 「커피잔」과 「나」 또한 서로가 의존해서 성

2장 공(空) 이 세계는 픽션이다
용수의 철학

립하는 관계라는 점이다.

내가 일방적으로 커피잔이라고 부르고 있는 것만이 아니다.

「커피잔」도 「나」를 만들어 준다.

그건 또, 무슨 의미인가?

다음 사진의 해맑은 얼굴을 한번 보시라.

「커피를 마시고 있는 나」를 성립시키는 것도 흙이 「커피잔」의 역할을 해 주고 있기 때문이다.

만약에 이 사진의 커피잔을 흙이라고 생각한다면, 이 여성은 뭔가 아주 수상한 사람으로 보일 것이다.

지금 카페에서 폼 잡으며 커피 마시고 있는 사람들 모두 「커피잔」을 연기해 주고 있는 흙한테 감사들 하시오.

도시도 「픽션」이다

사물이라는 작은 시점부터 더 큰 시점까지도 모두가 온전히 「픽션」이다.

「빌딩」을 예로 들어 보겠다.

용수에 의하면, 이 「빌딩」 역시 환상이다.

구체적으로 들어가 보자.

「빌딩」은 콘크리트로 만들어져 있다.

콘크리트라고 하는 것은 요컨대, 질척 질척한 「흙」이다.

2장 공(空) 이 세계는 픽션이다
용수의 철학

그런 의미에서는 커피잔과 같다.

그 흙을 건조해서 벽면에 바른 것이 「빌딩」이다.

덧붙여 말하자면, 빌딩의 창문 역시 규사라는 모래로 만들어져 있다. (규사는 모래 놀이터에서 흔히 볼 수 있는 모래다.)

즉, 「흙」이다.

자, 그럼, 「빌딩」이 흙으로 되어 있다고 생각하고 다시 한 번 위의 사진을 보시라.

도시도 결국은 흙으로 만들어져 있다니까요.

흙으로 집을 지었던 원시 시절부터 그다지 바뀐 게 없다는 말이다. 그 밖의 도로 등도 지면에 낙서를 해 놓은 정도일 뿐이다.

도시는 「환상」이다.

지금 우리가 있는 건물도, 창밖의 풍경도, 거의 모두 다 흙인 것이다.

놀랍지 아니한가? 아니 그보다 중요한 것은 흙조차도 픽션이라는 사실이다.

어쩌면 말로 표현할 수 없는 영역인 것이다.

존재하는 모든 것들은,

「   」이다.

그것이 「**공**」이다.

모든 만물은 연결되어 있다

이쯤에서 궁금한 것은, 그 「**공**」이란 과연 어떠한 경지인가, 라는 문제다.

모든 환상이 사라지면 결국 어떻게 되는 것인가?

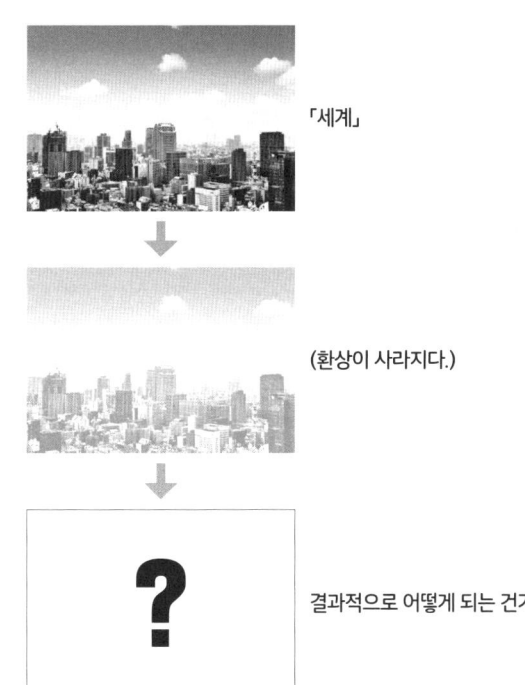

「세계」

(환상이 사라지다.)

결과적으로 어떻게 되는 건가?

2장 공(空) 이 세계는 픽션이다
용수의 철학

「허무」만이 남는 것일까?
틀렸습니다~

정답은, **「모든 것은 연결되어 있다.」**이다.

이것을 「연기(緣起)」라고 부른다.
「연(緣)」, 다시 말해서 관계성으로 이 세상의 모든 것이 서로 연결되어 있다, 라는 뜻이다. 기분이 좀 묘해지는걸.

경계선 또한 모두 환상이다

「모든 것은 연결되어 있다.」

이 세계는 사실, 어디에도 경계선이란 존재하지 않는다. 세심하게 하나하나 관찰해 보면 경계선이 환상이라는 것을 알 수 있다.

예를 들어, 「산」은 어디부터가 「산」일까?

2장 공(空) 이 세계는 픽션이다
용수의 철학

 이 후지산의 산기슭의 사진을 한번 보시라. 산의 경사면이 한없이 쭈~욱 펼쳐져 있다.

 여기까지가 「산」이라는 구분은 없다.

 사진에는 마을도 있지만, 마을도 실제로는 「흙」으로 되어 있을 뿐, 「산」의 일부와 마찬가지다.

 사람들이 여기까지가 「산」이라고 정해서 마음대로 경계선을 긋고 있을 뿐이다.

 경계선이란 환상이며 모든 것은 연결되어 있다.

 혼슈(일본 열도의 주된 섬)에 살고 있는 사람이라면 그가 밟고 있는 지면은 전부 후지산과 연결되어 있다.

◆ ◆ ◆

 그럼, 「국경」은 어떨까?

 일본은 섬나라이기 때문에 경계선이 또렷이 느껴지는 게 맞다.

 일본과 미국은 「태평양」이라는 무지막지하게 넓은 바다를 사이에 두고 있다.

 자연이 경계선이다. 환상이라고는 생각되지 않는다.

그러나 일본과 미국의 경계선조차도 환상이다.

다음과 같은 지도를 그려 보았다.

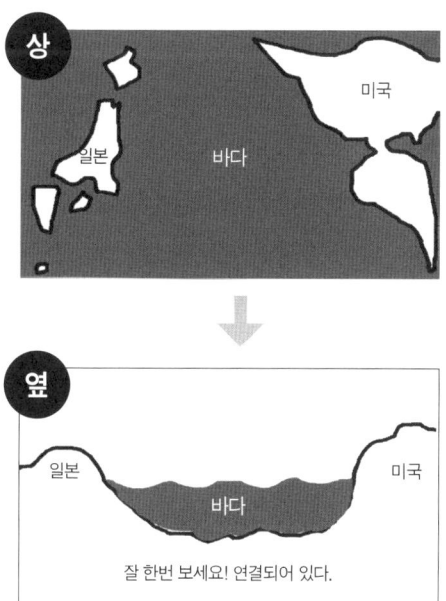

공중에서 일본과 미국을 내려다보면 육지와 바다로 뚜렷이 나뉘어 있는 것처럼 보인다.

하지만 옆에서 보면 이렇게 보일 것이다.

일본과 미국은 서로 육지로 연결되어 있다.

아니, 바꿔 말하면, 바다란 육지라는 웅덩이에 담긴 물에

2장 공(쏜) 이 세계는 픽션이다
용수의 철학

불과하다고 말할 수 있겠다. 모든 나라들이 서로 연결되어 있다.

조금만 생각해 보면 알 수 있지만, 사람들은 「5개의 대륙」이 있다, 라는 등의 환상을 당연하게 받아들이고 있을 뿐이다.

후지산은 뉴욕, 파리, 남극과도 연결되어 있다.

역으로 말하자면, 일본의 땅을 밟고 있어도, 티베트의 「에베레스트」, 아프리카의 「킬리만자로」 등과 연결되어 있는 것이다.

지금 당신의 발 밑은 「후지산」이며, 「에베레스트」이고, 「킬리만자로」이다.

왜냐하면 경계선이란 환상에 지나지 않기 때문이다.

◆ ◆ ◆

「산」에 대한 이야기를 조금 더 이어 가자.

「산」과 「강」의 경계선 또한 환상이다. 산에 오르면 알 수 있지만 산길은 꽤나 축축하다. 맑은 날임에도 불구하고 발 밑이 질척질척하다.

산이 빗물을 흡수하기 때문에 전체적으로 물기를 머금고

있다.

　빗물이 졸졸 흘러내리는 곳을 여기저기에서 볼 수 있으며, 그 흐르는 빗물들이 낮은 곳에서 합류하여 「강」을 이룬다.

　여기까지가 「강」이며 저기부터가 「산」이라는 접점은 존재하지 않는다.

　다시 말해, 산과 강의 경계선은 없다.

　산은 전체적으로 습해서 물기가 더 많은 곳이 서서히 「강」처럼 되어 가는 것뿐이다.

　거기에서 더 나아가 「산」과 「나」의 경계까지도 환상이다!

　그것은 「물」이 변화되는 과정을 살펴보면 이해하기 쉽다.

　물은 「구름」으로서 존재한다.

　물은 「구름」에서 「비」로 변화한다.

　물은 「비」에서 「산」으로 바뀐다. 흡수되었기 때문에 산의 일부가 된 것이다.

　물은 「산」에서 「강」으로 바뀐다.

　그리고, 강에서부터 수도관을 타고 당신의 집으로 흘러 들어 온다. 물 한잔을 꿀꺽 마신다.

　물은 「강」에서 「나 자신」이 된다.

2장 공(空) 이 세계는 픽션이다
용수의 철학

내가 마치 시인이라도 된 것 같다.

지금 시각 새벽 4시. 심야의 텐션으로 제정신이 아니다.

하지만, 이건 시가 아니라 엄연한 사실이다.

우리 몸의 70%는 「물」이라고 한다.

즉,

우리 몸의 70%가 「구름」

우리 몸의 70%가 「비」

우리 몸의 70%가 「산」

우리 몸의 70%가 「강」

이라고 해도 틀린 말이 아니지 않은가.

물을 마실 때 나는 지금 「강」을 마시고 있다. 라고 해도 용서할 수 있는 범위.

그렇다면, 「구름」을 마시고 있다고 볼 수도 있는 것이다.

물을 마신다는 것은,

「구름」이 「나 자신」이 된다는 것이다.

「비」가 「나 자신」이 된다는 것이다.

「산」이 「나 자신」이 된다는 것이다.

「강」이 「나 자신」이 된다는 것이다.

당신이 「구름」을 보고 있다면 그 구름은 언젠가 「나 자신」이 된다.

「비」를 보고 있다면 그 비는 언젠가 「나 자신」이 된다.

「산」을 보고 있다면 그 산은 언젠가 「나 자신」이 된다.

「강」을 보고 있다면 그 강은 언젠가 「나 자신」이 된다.

라고 생각한다면 당신의 세계관도 바뀔 것이다.

실은, 이렇게 당연하게만 느껴지는 「나」라는 경계선 또한 환상이다.

모든 만물은 서로 연결되어 있기 때문에 「고독」이라는 감정도 픽션인 것이다. 사람 기분 묘하게 만드네….

2장 공(空) 이 세계는 픽션이다
용수의 철학

「물」이 변화하는 과정

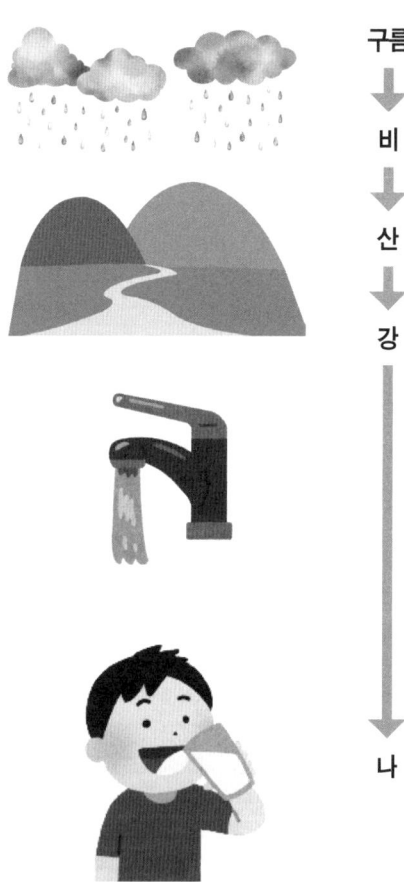

구름
↓
비
↓
산
↓
강
↓
나

지금 시각 새벽 4시.
열심히 만들었으니까 봐줘요….

이제 곧 새벽 5시가 된다. 자고 싶지만 조금 더 써 보겠다.

다음은 「우주」에 관한 이야기. 「우주」와 「나」의 경계선 또한 환상이다.

심야에 무지 어울리는 테마라서 딱 좋다.

애당초부터 우리 인간은 「태양」이 없으면 살 수 없지 않습니까?

태양이 없다고 하면,

- 식물이 산소를 만들지 못하니까, 인간은 숨을 쉴 수 없어서 죽는다.
- 기온이 내려가서 모든 것이 얼어붙고, 인간은 목이 말라 죽는다.
- 식물도 동물도 다 죽기 때문에, 인간은 굶주려서 죽는다.

죽을 수밖에 없는 요인들투성이다.

공기도, 물도, 먹을 것 등도 전부 태양으로부터 만들어진 에너지다.

우리들은 태양의 에너지를 흡수하고, 마시고, 먹으며 살아간다.

태양의 에너지 그 자체인 것이다.

다시 말하면, 「나」의 대부분은 거의 태양인 셈이다. 경계

2장 공(空) 이 세계는 픽션이다
용수의 철학

선은 존재하지 않는다.

어떠한가, 이렇듯「나」는 단숨에 우주와 연결되지 않는가.

지금 이 문장도「심야」의 텐션으로 쓰고 있지만, 태양의 주위를 지구가 돌고 있기 때문에「심야」가 존재하는 법이다.「심야」가 존재하기에「나」도 존재한다.

「심야」가 존재함으로「이 책」또한 존재한다.

그렇기 때문에 나도 우주고, 이 책도 우주고, 당신도 우주인 것이다.

어쩌면 애당초부터「나」와「우주」가 별개라고 생각하는 것 자체가 아주 이상하다. 이상한 정도가 아니라 미친 거다.

예를 들어「우주여행」이라는 말이 좀 우습지 않은가?

왜냐하면, 여기가 바로 우주잖아.

일본에 살고 있으면서「일본에 여행을 간다.」라고 말하지는 않으니까.

아니,「나」도 우주의 일부이면서 자신은 우주와는 별개의 존재라고 생각하는 것이 이상하지 않은가? 우주 밖에 존재하실 의향이라도 있으신가요?

괜히 열받네. 지금의 나의 정신상태가 위험한 것 같으니까 일단 취침을 해야겠다.

하나의 사물에서 우주를 보다

기상했습니다.

여러분 좋은 아침입니다. 저는 우주입니다.

지금부터 동양철학의 가장 재미있는 부분으로 여러분을 안내하겠다.

「공」을 깨달은 사람은 어떤 풍경을 보고 있을까?라고 하는 대목이다.(!)

「공」이라는 것은 「말로 설명할 수 없다.」고 한다.

그러나 실은, 어느 한 경전에는 깨달음의 세계가 자세히 묘사되어 있다. (뭐야, 설명되는 거였다고?)

그렇기 때문에 전혀 깨달음의 경지에 도달하지 못한 우리 일반인들도 그 엄청난 세계를 살짝 엿보는 것이 가능해

2장 공(쏯) 이 세계는 픽션이다
용수의 철학

진 것이다.

덧붙여 말하면 논파왕 용수는 샤이보이였기 때문에, 「공」의 세계가 어떠한 느낌인가, 라고 하는 감성적인 내용에 대해서는 언급하지 않았다.

그 대신 용수의 후배(찬드라키르티 씨)가 그려낸 「공」이란 세계의 풍경을 소개한다.

> 하나에 의해서 전체를 본다.
>
> 찬드라키르티 『프라산나파다』

와~ 멋지다! 뭔가 깊이 있어 뵈고 동양철학의 냄새가 난다.
어떠한 의미인가?
예를 들어 여기에 「한 톨의 쌀」이 있다고 가정하자.

「공」의 이치를 깨달은 사람은,
이 「한 톨의 쌀」에서 「우주」를 본다.

지금까지 이 책을 읽은 사람이라면 그다지 어렵지 않은 이야기일 것이다.

이 「한 톨의 쌀」은 「태양」, 「구름」, 「비」, 「산」, 「강」은 물론, 「흙」, 「벌레」, 「사람」이 없으면 존재하지 못한다.

「한 톨의 쌀」 안에는 전 우주와의 연결이 응축되어 있는 것이다.

「하나에 의해서 전체를 본다.」라고 하는 것은 그러한 뜻이다.

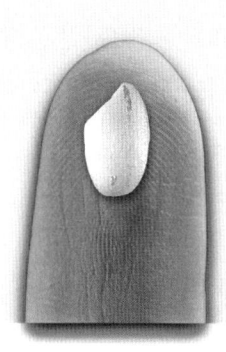

차분하게 생각해 보면 누구나 알 수 있는 이치다. 이 세상에서는 그저 「한 톨의 쌀」에 불과하지만 공의 세계에서는 「우주」인 것이다. 이 두 개의 시점을 갖는다는 것이 중요하다.

용수는 다음과 같이 말한다.

2장 공(空) 이 세계는 픽션이다
용수의 철학

> 붓다는 두 가지의 진리에 의해서 가르침을 주었다.
> 즉, 「세간의 진리」와 「궁극의 진리」다.
>
> 『중론』 24-8

「세간의 진리」라고 하는 것은 「한 톨의 쌀」은 그저 한 톨의 쌀」에 불과하다는 사실.

「궁극의 진리」라고 하는 것은 「한 톨의 쌀」은 「모든 것들과 연결되어 있다.」라는 사실. 즉, 「연기」의 개념이다.

그림으로 하면 이런 느낌이다.

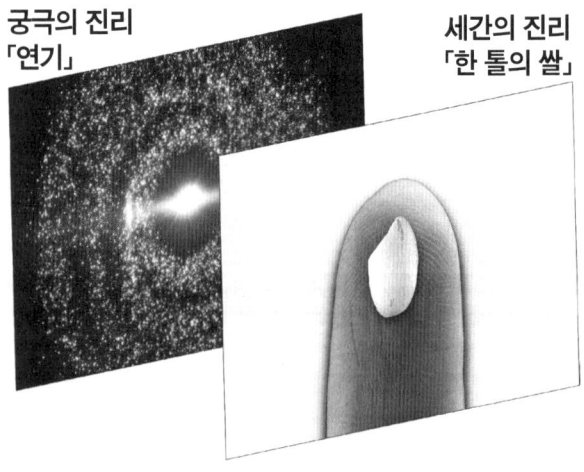

궁극의 진리 「연기」

세간의 진리 「한 톨의 쌀」

그리고 이 두 가지의 시점을 동시에 보는 것이 「공」을 깨달은 사람이 볼 수 있는 풍경이다. (깨달은 자도 「쌀알」이 안 보이는 것은 아니다.)

그렇게 생각하면 신기하게도 한 톨의 쌀알이 반짝반짝 빛나게 보인다.

물론, 「쌀알」뿐만이 아니다. 모든 존재에 대해서도 이같이 말할 수 있다.

「커피잔」도, 「패미치킨」도, 그리고 「나 자신」까지도!

모든 것은 연결되어 있다. 그것이 연기(緣起)다.

2장 공(空) 이 세계는 픽션이다
용수의 철학

커피잔도 「연기」

패미치킨도 「연기」

당신도 「연기」

나는 「하나에서 전체를 본다.」라는 말에서 항상 떠오르는 영화의 한 장면이 있다.

『이웃집 토토로』의 메이가 마당에서 주운 도토리를 손바닥 위에 올려놓고,

「와~ 도토리다!!!」

라고 외치는 장면이다.

아마도 그때의 메이는 「도토리」로부터 우주를 보고 있었던 것이 아닐까.

누구라도 어릴 적 이와 비슷한 경험이 있을 것이다.

우주, 보이지 않으려나?

2장 공(空) 이 세계는 픽션이다
용수의 철학

◆ ◆ ◆

용수의 후배들이 이를 한층 더 발전시켰으므로, 소개하겠다.

「화엄철학」이라는 어려운 이름이 붙어 있는데, 「아름다운 꽃으로 장식될 만큼의 최고의 철학」이라는 뜻이다.

다음 그림은 「쌀알에서 우주를 보다」라는 화상 이미지를 옆에서 봤을 때의 단면도다..

이런 느낌(↓)의 이미지에 가깝다.

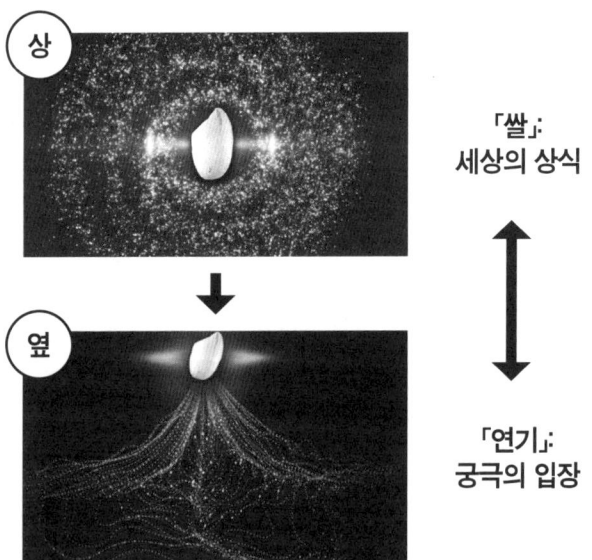

상

옆

「쌀」:
세상의 상식

↕

「연기」:
궁극의 입장

「쌀알」은「모든 만물」과 연결되어 있다.

「모든 만물」도「쌀알」과 연결되어 있다.

이것을「일즉다 다즉일(一卽多 多卽一)」이라고 한다.

수식으로 표현하면,

1 =무한
무한 = 1

이라는 뜻이 된다. 그러하다면 말이다.

「쌀알」도, 「커피잔」도, 「나」도 결국「우주」라고 하는 점에서는 모두 똑같지 않은가.

라는 결론이 난다.

더 나아가 궁극에 도달한 사람은,

「커피잔」은「나」

「쌀알」은「구름」

「산」은「패미치킨」

이라는 식으로 이 세계를 보게 되는 것이다.

2장 공(空) 이 세계는 픽션이다
용수의 철학

 이 단계까지 오면 무슨 말을 하는지 이해하기 어려울 것 같아서 화상 이미지를 최대한으로 활용해서 설명해 보았다. 열심히 수행해서 깨달음에 이르면 이렇게 보인다니. 우아, 정말 대단하다~

공을 느낄 때

여기까지 읽고 나서 어떤 생각이 드는가?

「내가 우주였구나….」

라는 심오한 느낌이 들었을 것이다.

나도 같은 느낌이다.

그러나 지금 나의 스마트폰에 이러한 문자가 들어왔다.

「수고 많으십니다! 원고 마감일이 오늘입니다만, 순조롭게 진행되고 있으신가요?」

업무에 관한 메일 한 줄로 「공」의 시간은 종료되고,

일이라고 하는 「픽션」의 세계로 말려들고 말았다.

원래는 오늘 중으로 제3장까지 끝내야 하는데 지금 쓰고 있는 것은 2장의 중간쯤이다. 완전 절망적인 상황이다.

「공」이라고 머리로는 이해해도 깨달음에 이르지 못한 우리들이 「픽션」의 세계에서 빠져나오기란 좀처럼 쉽지 않다.

수고 많으십니다!
원고 마감일이 오늘입니다만, 순조롭게 진행되고 있으신가요? 🙏

그날 실제로 도착한 DM

2장 공(空) 이 세계는 픽션이다
용수의 철학

그러나 우리 일반인들도 「공」을 느낄 때가 있다.

내가 개인적으로 **이런 게 「공」인가…!?**라고 경험한 시추에이션 3가지를 소개하고자 한다.

※ 어디까지나 개인적인 감상입니다.

기본적으로는 완강한 픽션이 소멸했을 때 이런 게 공「이」로구나, 하고 절감하게 된다.

「공」을 느끼는 시추에이션.

첫 번째

졸업식날의 교실

아시는가?! 이 느낌!?

완벽한 「공」이 아닐까?

졸업식.

오늘로 「학교」라는 「픽션」이 사라진다.

「학생」도 더 이상 「학생」이 아니고 「선생님」도 이제 더 이상 「선생님」이 아니다. 내가 그 공간에서 아무것도 아닌 게 된다.

그리고 「나」라는 존재가 없어짐으로써 「책상」도 「책상」이라는 역할로부터 해방된다.

나로부터 「책상」이라는 역할에서 해방된 원래의 「책상」.

무언가 서먹서먹한 느낌이 든다.

나무판이나 금속 재질의 책상 다리 등이 묘하게 윤이 나 보이곤 한다.

사람도 사물도 모두 어떠한 의미로부터 해방되어 아무것도 아닌 게 되었을 때의 그 느낌.

그러나 결코 「허무」는 아니다.

기분이 개운해짐과 동시에 묘하게 빛나는 듯 투명한 느낌.

이런 상황이 개인적으로 「공」을 느낄 때다.

2장 공(空) 이 세계는 픽션이다
용수의 철학

◆ ◆ ◆

「공」을 느끼는 시추에이션.

두 번째

사랑하는 사람과 헤어진 날의 나의 방.

느낌이 오는가?!

둘만의 세계라는 픽션이 깨지면 언제나 똑같았던 나의 방 안이 갑자기 서먹서먹하게 느껴진다. 그렇지 않던가?

왠지 책상이나 컵 등이 햇빛에 반사되어 유난히 영롱하게 보인다거나 하지 않던가?

2인용 소파 등도 존재의 의미를 잃어버리고 만다.

이럴 때 나는 보통 **바람에 나부끼는 커튼을 멍하니 바라보곤 한다.**

커튼 사이로 흘러나오는 태양광이라든지 그림자라든지. 이런 것들이 의외로 복잡하고 신비하게 느껴진다.

연인 사이뿐만이 아니라 「이별」 전반에서 같은 현상이 일어난다.

집에서 키우던 애완견이 죽던 날의 집 안의 분위기도 이런 느낌이었다.

이런 현상에 대해 무슨 일이 일어났는지 설명하자면,
인간관계가 소멸함에 따라 언어의 마법도 사라진 것이다.

디즈니가 파산한 후의 디즈니랜드와도 같은 것으로, 본래의 있는 그대로의 모습으로 보이는 것이라고 생각한다.

재미있는 것은 **인간과의 연결고리가 사라졌을 때야 비로소 자연과의 연결됨이 실감 난다는 사실이다.**

커튼과 함께 나부끼는 태양광에 처음으로 나의 시선이 멈춰진다.

그렇게 생각해 보면, 일본 가족영화의 대부분에 할머니의 장례식이 등장하곤 하는데, 장례식장 다음 장면은 보통 작은 새들이 빽빽 울어 대고 상쾌한 바람이 불어오는 아침부터 시작되곤 하지 않던가?

2장 공(空) 이 세계는 픽션이다
용수의 철학

 늘 익숙했던 풍경이 유난히 그날만은 새롭게 다가오는 듯하다. 가족 중 한 사람이 죽으면 픽션은 무너진다. 그런 날의 풍경을 묘사할 때는 대부분 그런 식의 장면이 연출되는 것이라고 생각한다.

 여기서 용수의 말을 하나 소개하겠다.

> 마술사가 환상을 만들어 낸 후 그것이 자취를 감춰 버리면 그 어떤 것도 존재하지 않는다.
>
> 『대승에 대한 20시 구절』 17

사랑하는 사람과 헤어진 날의 방안의 풍경 등이 바로 이 느낌이지 않을까!?

「헤어짐」은 슬프지만 그와 동시에 해방됨이기도 하다.
「나」라는 존재가 이 세상과 함께 사라지고 마는 것.
「나는 애인과 헤어진다면 죽어 버리고 말 거야.」라고 생각했던 사람도 있겠지만, 헤어진 후에도 대부분은 잘 살고 있지 않은가?
그 당시의 「나」를 회상한다면 지금의 「나」는 사후의 세계를 살고 있는 것이다.
이 불가사의한 느낌. 「공」인 듯하다.

공을 느끼는 시추에이션.
세 번째
단체 모임의 회식 자리에서 어떤 그룹에도 끼지 못할 때.

다음은 3개월 전의 어떤 모임에서 실제로 나에게 일어난 일이다.
당시의 좌석 배치는 다음(→)과 같다.
그런데 「아줌마」 그룹과 「아저씨」 그룹 사이에서 대화가

2장 공(空) 이 세계는 픽션이다
용수의 철학

완전히 단절되고 말았다.

하필 내 앞에 앉아 있던 아줌마가 계속 스마트폰만 만지고 있어서 너무 곤욕스러웠다.

나는 완전히 고립되고 말았다.

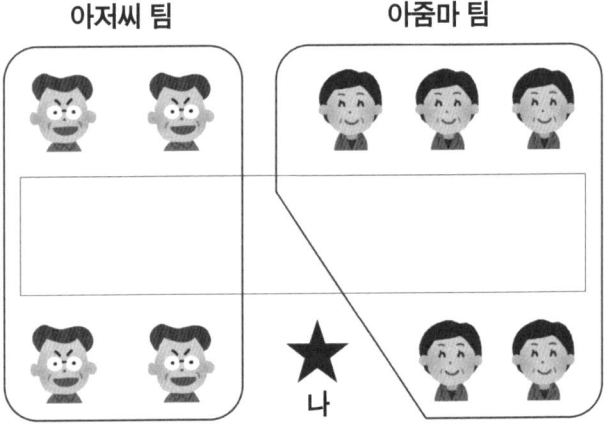

그때였다.

갑자기 눈앞의 풍경이 투명하게 보이기 시작하고 사물들이 반짝반짝 빛을 발했다.

와~ 이 상황 「공」이 느껴지는데, 라고 생각해서 사진을 찍어 두었다.

이런 느낌, 아시려나!?

아시는가!? 이 느낌.

대화라고 하는 것은 픽션이다. 픽션의 세계에 끼어들고 싶었지만 그러지 못했을 때.

그곳이 바로「공」의 느낌인 거다. (아마도)

나는 회식 자리에서 고립됨으로 인해「공」에 이르는 현상을,

「이자카야(居酒屋: 술과 안주를 제공하는 음식점)의 붓다」라고 부르기로 했다.

2장 공(空) 이 세계는 픽션이다
용수의 철학

갑자기 술집에서 「성불」한 사람이 보일 때가 있는데 바로 그런 사람.

고립. 보통은 절망적인 시추에이션이다.

하지만 **그 반대다.**

고립되어 모든 인간관계의 픽션이 사라졌을 때 **당신은 모든 것들과 연결된다.**

거기가 「연기(縁起)」의 장소인 것이다.

모든 것은 연결되어 있다….

♦ ♦ ♦

① 졸업식날의 교실
② 연인과 헤어진 날의 방안
③ 술자리에서 어느 그룹에도 끼지 못할 때

이상이 제가 뽑은 「공」을 느끼는 시추에이션의 3종 세트였습니다!
용수가 이런 말을 한 적은 없다.
내가 멋대로 해석한 것임!!

모든 고민은 성립하지 않는다

동양철학의 좋은 점은 「철학」을 위한 철학을 하지 않는다는 것이다.
반드시 **「마음을 편하게 한다.」**라는 목적이 있다.
그렇다면 「공」의 철학에서 배울 수 있는 점은 무엇일까?
「모든 고민은 성립하지 않는다.」라고 하는 것이다. 와~ 정말

2장 공(空) 이 세계는 픽션이다
용수의 철학

대단한걸.

우리는 「자신」에 대해서 고민한다.

역시 「나」는 「약한」 인간이야….

역시 「나」는 「나쁜」 인간야….

역시 「나」는 「가치 없는」 인간이야….

막연히 「자신의 변하지 않는 본질」을 정해 놓고 그런 모습을 다른 사람에게 들키지 않으려 애써 숨기며 살아간다.

그런데 말이다. **용수라면 「공」의 철학으로 그러한 고민들을 모조리 논파해 주고도 남는다.**

「공」의 철학이 말해 주는 것.

그건 바로 **자신의 「변하지 않는 본질」 따위는 없다**는 것이다.

실제의 용수의 말을 살펴보자.

> 어리석은 자는 존재에 대해 불변의 자체(자아)를 생각하여, 「있다」라든지 「없다」라든지 등의, 착각을 하는 실수를 범하기 때문에 번민에 지배당하게 되고, 그로 인해 자신의 마음에 의해 스스로를 기만한다.
>
> 『육십송여리론』 24

매우 빠른 어투로 말했을 것 같다.

「어리석은 자」라는 표현은 좀 심했지만 흥미롭다.

요컨대 **자신의 「변하지 않는 본질」이 존재한다고 생각하는 사람은 바보,** 라고 논파하고 있다. 아니, 바보라니.

어떠한 의미인가. 심플하게 생각해 보자.

사람의 키를 예로 들어 보겠다.

당신은 키가 「크다」, 「작다」 중 어느 쪽에 속하는가?

한번에 대답해 보세요.

정답은 「**경우에 따라 다르다.**」이다.

성가시지만 듬직하다

2장 공(空) 이 세계는 픽션이다
용수의 철학

당신의 키가 2미터라고 해도 큰곰보다는 「작다」.
당신의 키가 1미터라고 해도 불가사리보다는 「크다」.
애초부터 「크다」, 「작다」라는 개념도 픽션이다.
이 세계는,
「크다」고 하는 변하지 않는 본질을 가진 것도,
「작다」고 하는 변하지 않는 본질을 가진 것도,
존재하지 않는다.
우리들의 본질에는 「크다」도 없고 「작다」도 없다.
「경우에 따라서 다르다」라고 말할 수밖에 없다.
처음부터 모든 것이 연결되어 있는데 거기서 특정 부분을 잘라낸 것을 「크다」, 「작다」라고 말하는 것 자체가 성립되지 **않는다.**

「공」의 경지에서는 「불가사리」가 「나」이고 「당신」이 「큰 곰」인 것이다.

우주와 우주를 비교해 봐도 의미는 없다.

「크다」, 「작다」라는 개념뿐만이 아니다. 모든 개념들이 이와 같다. 예를 들어 「강하다」와 「약하다」.

자이언이 「강하다」고 할 수 있는 것은 노비타라는 「약한」 인물이 존재하기 때문이다.

가령 자이언이 사우스 브롱크스의 힙합 커뮤니티에 가입한다면 한순간에 「약자」가 되고 말 것이다.

「선하다」와 「악하다」 또한 이와 동일하다.

우리들은 자신도 모르게 누군가를 「본질적으로 선한 사람」이라든지, 「본질적으로 악한 사람」이라든지 하는 식으로 정해 버린다.

하지만 그런 사실은 있을 수 없다. 「선」과 「악」 또한 픽션. 경우에 따라 결정될 뿐이다.

변화하지 않는 본질이라고 하는 것은 존재하지 않는다. 「공」인 것이다.

예를 들어 「선하고 정의로운」 영웅이 되고 싶다면 필연적

2장 공(空) 이 세계는 픽션이다
용수의 철학

으로 「사악한」 악인을 필요로 한다.

누군가가 살인사건을 저지르지 않으면 코난은 「선하고 정의로운」 인간이 될 수 없다.

여기서 재미있는 것은 「있다」, 「없다」의 개념조차도 픽션이라고 하는 점이다.

지금 바로 이해되지 않을 것이다.

어떠한 의미인가?

예를 들어 당신이 친구집에 놀러 갔다고 가정하자.

그런데 친구가 「**50,000조 원이 사라졌어~**」라며 방 안에서 50,000조 원을 찾아 헤맨다고 하면 어떻게 받아들이겠는가?

친구의 멘탈이 굉장히 염려스러울 것이다.

50,000조 원이 「있다」는 전제가 없으면 50,000조원이 「없다」고 하는 상황은 일어나지 않는다.

이것은 극단적인 예지만, 「있다」, 「없다」라는 개념이 픽션인 것을 알게 되면 많은 고민들의 정체도 알아차릴 수 있다.

다른 예를 들어 보자. **「남자친구가 없다.」고 하는 고민.**

이것은 「남자친구가 있어야 한다.」는 당연한 전제로부터 생겨나는 고민이다.

가령, 갓난아기는 「남자친구가 없다.」는 고민을 하지 않는다. 성인이라도「남자친구가 있어야 한다.」는 생각을 하지 않는 사람이라면 고민하지 않을 것이다.

「돈이 없다.」는 고민 또한 동일하다.

수중에 5,000원이 있다고 했을 경우, 초등학생은「돈이 있다.」고 생각할 것이며, 소지금이 5억 원이라도 산유국의 대부호는「돈이 없다.」고 생각할 것이다.

그리고「백수」또한 이와 같다.

내가 백수가 되었을 때 나와 같은 처지의 친구가 있었는데, 두 명 이상의 백수가 모이면 이 또한 평범해진다.

굳이 직업이「없다」는 것을 의식할 필요도 없고 또한 고민도 발생하지 않는다.

◆ ◆ ◆

지금까지의 이야기를 정리해 보자.

「강하다/약하다」

「선하다/악하다」

「있다/없다」

모두가 픽션이다.

픽션의 세계에서 나와 버리면 그곳이「공」의 경지.

2장 공(쑇) 이 세계는 픽션이다
용수의 철학

모든 것이 연결되어 있는 「연기」의 세계인 것이다.

「강하다/약하다」, 「선하다/악하다」, 「있다/없다」의 모든 것이 인연에 의해 점차 변화해 간다.

자신의 「변화하지 않는 본질」은 성립하지 않는다. 즉, **불변의 「개성」, 불변의 「성격」, 불변의 「정체성」이란 있을 수 없다.**

이것은 「공」의 철학에서 정말 중요한 포인트다.

우리들이 무언가를 고민할 때 범하기 쉬운 실수.

「나는 약한 사람이다.」는 전제하에 그래서 「애인이 생기지 않는다.」는 결론을 낸다.

이러한 방식으로 논리를 만들어서 고민에 빠진다.

용수라면 당신의 이러한 논리를 전부 논파해 버릴 것이다. 조심하시오.

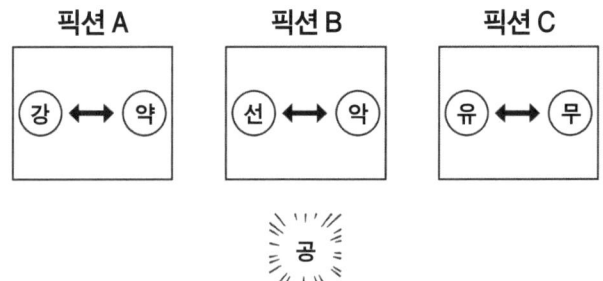

먼저, 자신이 「약하다」는 전제는 옳지 않다.

한 쌍을 이루어야 할 「강하다」라는 상대가 없지 않은가.

상대가 없는데 「나는 남자 친구입니다.」라고 자칭하는 것처럼 부자연스러운 일이다.

「자신은 약하다.」는 전제가 성립하지 않기 때문에 「남자 친구가 생기지 않는다.」는 결론도 성립하지 않는다.

「나는 약하다.」그래서 「애인이 생기지 않는다.」

라고 하는 고민은 모두 성립되지 않는다.

다음과 같은 내용도 성립되지 않는다.

「나는 능력이 없다.」그래서 「일을 못한다.」

용수는 이러한 옳지 않은 사고를 「희론(戱論)」이라고 불렀다.

「아무 쓰잘데기 없는 생각」이라는 의미다.

스스로 「아무 쓰잘데기 없는 생각」에 빠져서 좀처럼 헤어나오지 못하는 것이 우리들이다.

2장 공(空) 이 세계는 픽션이다
용수의 철학

> 예를 들어, 어떤 어리석은 사람이 자기 스스로가 파 놓은 구덩이(그 속)에 떨어지듯이, 사람들은 빠져나오기 힘든 부정적인 생각의 늪 속에 잠긴 채로 산다.
>
> 『대승에 대한 20시 구절 편』 10

너무하시네. 좀 심한 표현이긴 하지만 용수의 「공」의 철학은 사실은 아주 긍정적인 철학이다.

애당초 모든 고민은 성립되지 않는다.
그러니까 전혀 걱정하지 않아도 된다.

무엇보다도 용수의 인생이 「공」의 철학의 정당성을 증명하고 있다. 젊어서 아주 「몹쓸 인간」으로 큰 실수를 범했지만, 불교의 길로 들어서 「보살」이 되었다.

인도의 논파왕 용수는 우리들의 고민을 모조리 논파한 후, **아무 걱정하지 말라**고 이야기해 준다.

나와 「공」

다음 장에 들어가기 전에, 나의 인생에서 「공」이 어떠한 의미를 부여했는가에 대해 쓰겠다.

결론부터 말하자면, 내 인생은 **「공」의 철학에 의해서 구원을 받은 인생이다.**

대학시절 나는 그야말로 안하무인형 인간으로, 전형적으로 허황된 미래를 꿈꾸는 타입의 학생이었다. 성공신화에 도취되어 쉴 새 없이 「창업」, 「글로벌」과 같은 단어를 입 밖으로 내뱉곤 했다.

지금 생각해 보면 구체적인 계획도 없이 그저 희망에만 부풀어 사는 그런 학생이었다.

학창 시절에는 내용은 그다지 중요하지 않았다. 그저 뭔가 「대단한 놈」이라는 분위기만 풍기면 친구들을 많이 사귈 수 있었다. 그래서 만족스러운 학교 생활을 보냈다.

그런 나에게는 단 한 가지 남들과 다른 재능이 있었다.
면접시험을 기가 막히게 잘 본다는 것.

2장 공(쏬) 이 세계는 픽션이다
용수의 철학

   신은 오타니에게는 「야구」의 재능을, 그리고 나에게는 「면접」의 재능을 부여했다.

   나는 면접관이 원하는 인물상이 눈에 훤히 보였다.

   ① 자신이 할 수 있는 일
   ② 하고 싶은 일
   ③ 귀사에 공헌할 수 있는 일

그 당시의 나

   나는 언제라도 이 세 가지로 순식간에 나만의 스토리를 만들어 내는 것이 가능했다.

   게다가 그 스토리를 스스로 신뢰하며 자신 있게 이야기

할 수 있었다.

솔직히 말하면, 면접시험 때 몇 번이나 몰입의 절정을 경험했었다.

용감무쌍하게 면접을 치르는 나

면접관들의 움직임이 완전히 정지상태처럼 보였다.

그 결과, 회사 면접사에 이름을 남길 정도의 폭발적인 호평을 얻어, 당시 꽤 잘 나가던 IT기업에 입사했다.

입사하기 전부터 미국에 파견되기도 했고, 맨 처음 배정받은 부서도 사장님 직속 부서로, 여하튼 나는 특별한 위치에 놓여 있었다.

그런데 말이다. 입사 후 문제가 생기기 시작했다.

2장 공(쏘) 이 세계는 픽션이다
용수의 철학

간단하게 말해서,

나는 회사 일에 전혀 재능이 없었다.

마감일 공포증으로 거의 모든 업무가 정체되었고,
연락 공포증으로 메일 한 개에 회신을 하는 데에 거의 일주일 정도가 걸렸다.
그 정도로 회사 일에 재능이 없을 줄은 생각지도 못했다.
나 자신에 관한 문제이기는 하지만 그 정도로 심각할 줄은 상상도 못 했다.
이유도 심플했다.

공부와는 다르게 일은 「팀」 워크로 해결해야 한다. 그리고 나는 「팀」 생활을 잘 꾸려 나갔던 경험이 전무했다.
제일 먼저 기억나는 것은 초등학교 5학년 때의 일이다.
농구부의 체험수업 때 **일부러 상대팀에 연이어 패스를 하는 이상한 행동을 보인 결과, 그날로 추방**을 당하고 말았다.
중학생 때는 「선후배의 상하관계가 짜증 난다.」는 모난 사고방식 탓에 우리 학년에서 나만 홀로 서클활동에 가입하지 않았었다.
어떤 「팀」 내에서 원만히 어울리지 못한다고나 할까, 아니, 「팀」 생활의 부적격자가 맞다.

그런 인간이 일을 잘할 리 없었다.

회사 측의 기대치와 본인의 실력 차는 거의 사기꾼 수준이었다.

주위 사람들은 「저 사람 알고 보니 별로 능력 없는 거 같지 않아?」라고 눈치채게 되었고, 나는 「들켰다!」라는 심정으로 죽음을 맞이하는 고양이처럼,

조용히 퇴사했다.

비정상적일 정도의 고평가를 받고 입사한 사람 치고는 너무 홀연히 퇴사했기 때문에 나의 존재는 흑역사였을지 모른다. (정말 죄송했습니다.)

하지만 퇴사 후에도 문제가 있었다.

나는 회사 밖의 인간관계에서도 「능력 있는 인간」을 연출하고 있었다.

「모두들 미안! 나 사실 전혀 일에는 재능이 없는 놈이야~」라고 어떻게 자백할 수 있겠는가.

나의 실력이 거의 「바닥」인 것이 드러나면 모든 인간관계는 사라지고 만다.

2장 공(空) 이 세계는 픽션이다
용수의 철학

고립. 사회적인「죽음의 공포」가 코앞에 다가왔다.

어떻게 해서든 이「죽음」만은 피해야 한다.

그러나 상황이 만만치 않았다.「팀워크를 발휘해야 하는 일이 서툴다.」고 하는 것은 치명적인 결점이었다. 다른 회사에 이직을 한다고 하더라도 잘 풀릴 리가 없었다.

혁명전사가 되기 위해 섬으로

그래서 나는 사회적「죽음」을 회피할 만한 반전을 획책했다.

「자본주의에 대한 저항」

이라는 스토리를 앞세워 동경에서의 생활을 접고 가고시마 현의 섬으로 이주하기로 결심한다. 자신의「빈 껍데기」를 포장하기 위한 장엄한 스토리.

게다가 기존의 가치를 대역전시켜 줄 혁명적인 스토리가 아닌가.

대기업에서「일을 잘하는 사람」에게는「자본주의의 노예」라는 딱지가 붙곤 한다.

 그렇기 때문에 나처럼「일을 못하는 사람」은 오히려 혁명전사가 될 수 있는 것이다.

 나는「어둠」속의 지배자인「자본주의」로부터 세계를 구할「빛」과 같은 존재가 되었다.

 제가「빛」이 되기 위해서 자본주의 관계자분들에게는「어둠의 역할」을 담당케 하고 말았습니다. (죄송합니다.)

 섬마을 생활은 슬로우 라이프로 이웃들도 친절할 테고, 동경의 기준으로「일을 못한다.」고 하더라도 문제 될 것이 없을 것 같았다.

혁명전사로 직업을 바꾸다

2장 공(空) 이 세계는 픽션이다
용수의 철학

———「섬마을 아이들에게 최고의 교육을」

이라는 아름다운 비전을 내세운 이직에 대한 글을 SNS에 올렸는데, 그때까지 내 인생 최고의 「좋아요」가 달렸다.

천만다행이다…. 일단 사회적인 「죽음」만은 모면할 수 있으니까.

이로써 「나」는 사람들 속에 여전히 존재할 수 있었다.

그러나 결론부터 말하자면 **섬마을로의 이주도 전혀 성공적이지 못했다.**

동경에서든 섬마을에서든 일이라고 하는 것은 다른 사람들과의 「협력」으로 이루어지는 법.

더구나 섬마을은 등장인물이 한층 다양해서 **압도적으로 어려움을 겪었다.**

야쿠자처럼 생긴 불량 청소년들도 많고 무지 공포스러웠다.

자본주의 등과는 이렇다 할 아무런 관계도 없었다. 심플하게 단지 팀플레이에 적응하지 못해서 나는 또 망하고 말았다.

너무도 「텅 빈 껍데기」뿐인 「나 자신」을 인정하기 싫어서, 이불 속에 파묻힌 채 하루를 보냈고, 결국 2년 만에 일을 그만두기로 했다. (섬마을에서 신세를 진 여러분들 정말 죄송했습니다.)

개그맨이 되기로 결심하다

일을 그만뒀으니 이제 어떻게 하나.
「쟤, 이제 섬마을 일 그만뒀나 봐.」라고 손가락질받을 거 같았다! 두려웠다!
또다시 나는 사회적인 「죽음」의 위기에 직면하고 말았다.

자본주의를 부정해 버린 이상, 다시 회사원으로 돌아가기는 민망한 노릇이었다.
팀워크가 어려우면 혼자서 하는 일을 찾을 수밖에.
그래서 떠오른 생각.

「이제 남은 건 개그맨이 되는 길밖에 없다.」

개그맨은 「팀」이 필요 없다. 혼자서도 충분히 활동할 수 있다.

2장 공(空) 이 세계는 픽션이다
용수의 철학

 무엇보다도 **주위의 친구들에게 「넌 참 항상 재미있는 도전을 하는구나.」라는 말을 들을 수 있었다.** 주위의 사람들을 잃지 않을 수 있다.

 물론 개그맨이란 직업이 그리 만만하지는 않다. 최대 관건은 「웃기느냐, 못 웃기느냐.」였다.

 희망이 없지는 않았다.

 초등학생 때 사카이 선생님에게 이런 말을 들은 적이 있었다.

「신메이 군, 사람 웃기는 데 소질 있네! 장래에 개그맨 해도 되겠는걸!」

 이런 한마디의 말은 꽤 오랫동안 누군가의 가슴속에 남아 있곤 한다. 선생님의 말을 믿고 개그맨이 되기로 결심한 후, SNS에 글을 올렸다.

 그 글에는 내 인생 최대의 「좋아요」가 달렸다.

 그렇게 해서 사회적인 목숨은 연명할 수 있었다. 이제는 앞만 보고 달릴 수밖에.

 「우승하겠습니다!」라고 호언장담하며 「R-1 그랑프리」라는 일본최대의 솔로 개그맨 대회의 준비를 위해 콩트를 짜는 생활을 시작했다.

그러나 몇 번의 지하 라이브에 출연하면서 나는 절감했다.

「나란 놈, 사람들을 전혀 못 웃기잖아….」

완전히 의욕을 상실하고 말았다.

나는 또다시 이불 속으로 기어 들어갔다. (응원해 주신 분들 죄송합니다….)

그 상태로 본 대회에 참가했는데, **단 한 번도 웃기지 못한 채 1회전에서 탈락하고 말았다.**

나의 개그맨 도전에 자극을 받아서, 「저도 해 보겠습니다!」라며 도전했던 후배는 1회전을 돌파했다.

사실, 그 당시 나에게는 개그맨이 된다고 하는 허황된 꿈조차 응원을 해 주는, 비정상적으로 이해심이 많은 아내가 있었다.

본 대회가 열리는 날도 지하에 있는 대회장까지 달려와 주었다.

그런 아내가 내가 무대에 섰을 때 팔짱을 낀 채 시무룩한 표정으로 일관하고 있었다.

2장 공(空) 이 세계는 픽션이다
용수의 철학

대회가 끝난 후, 아내는 「이렇게까지 재미없는 사람인 줄은 몰랐어.」라는 말을 내뱉었고, 그 후 얼마 안 돼서 우리는 이혼을 했다.

그리고 개그맨을 은퇴한 후, 백수가 되었다.

빈 껍데기가 되니, 「공」의 철학이 가슴에 와 닿았다

나는 다시 본가로 들어갔고, 이불 속에 파묻힌 채 헤어 나오지 못했다.

무슨 일을 해도 실패했다. 더 이상 나에게 미래는 없었다.

나의 「빈 껍데기」를 감추기 위해 짜낸 스토리의 거품들이 모조리 다 터져 버리고 말았다.

섬마을로의 이주, 개그맨이 되기 위한 도전, 표면상으로는 신선하고 재미있게 들릴지 모르겠지만, 실제로는 거의 대부분의 시간을 이불 속에서 보냈을 뿐, 실속이라곤 찾아볼 수 없었다.

성실하게 살아온 친구들은 30대가 되면서 하나 둘, 출세

하기 시작했다.

유명한 잡지의 「세계를 바꾼 30인」에 뽑힌 친구도 있었고, 「주목할 만한 기업인」으로 미디어에 출현한다거나, 또 무언가 대단한 직책에 취임하기도 했다.

취임…. 나도 무언가에 취임하고 싶었다….

그리고 무엇보다도 나와는 다르게 모두가 누군가의 도움이 되고 있었다. 눈에 띄는 친구들도, 그렇지 못한 친구들도, 저마다 자신의 역할을 충실히 해내며 살아가고 있었다.

나는 내 모습이 어떻게 비칠까에만 몰두하며 살아왔다.

무서울 정도로 「텅 빈 껍데기」였다.

그런 시기에 눈에 들어온 것이 **동양철학**이었다.

본가의 책장에 학생 때 사 두었던 「공」에 관한 책이 있었다.

꿈 많던 학창 시절에는 와 닿지 않았던 동양철학의 문장들.

「빈 껍데기」가 되어 버린 지금, 가슴을 찌르듯 다가온다.

「공」의 철학.

「나」라고 하는 것은 애당초부터 「빈 껍데기」다.

그리고 「빈 껍데기」야말로 최고의 경지인 것이다.

2장 공(空) 이 세계는 픽션이다
용수의 철학

  그야말로 나를 위한 철학이었다.

  지금껏 나는「빈 껍데기」인「나 자신」을 감추기 위해 애쓰며 살아왔다.

  「텅 빈 것」이야말로 최고의 경지인데,「비어 있는 것」을 감추기 위해 고심하다니. 어리석었다….

  실제로「빈 껍데기」가 된 후, 눈에 들어오는 세상은 정말이지 반짝반짝 빛나게 보였다.

  「텅 빈 상태」이기에, 자연이「나」의 안으로 저절로 스며들어 왔다.

  「바다가「나 자신」이다.」라는 말에 공감할 수 있었다.

  기억하시는가? 회식 자리에서 모든 인간관계로부터 고립되었을 때. 주위가 반짝반짝 빛을 발하는 현상. **「이자카야의 붓다」라고 칭한 현상말이다.**

  이혼한 후 백수가 되고,「가족」·「회사」·「사회」라는 픽션이 사라진 나에게도 같은 현상이 일어났다.

인간관계가 붕괴됨으로써 모든 것과 연결되는 곳으로 돌아왔다.

2장 공(쏫) 이 세계는 픽션이다
용수의 철학

그때 「공」의 철학을 알지 못했더라면 「고립」→「자기혐오」→「한층 더 깊은 고립」이라는 악순환의 고리에 휘말리고 말았을 것이다.

그러나 「공」의 철학을 알게 됨으로써 모든 것이 연결되어 있는 빛나는 장소에서 안심하며 즐길 수 있게 되었다.

딱히 사회에 복귀했다고는 할 수 없다. 이불 속에서 지내기는 마찬가지니까.

그러나, 비록 이불 속에서 파묻혀 지낼지라도, 「그래도 괜찮다.」라고 생각할 수 있는 여유가 생겼다.

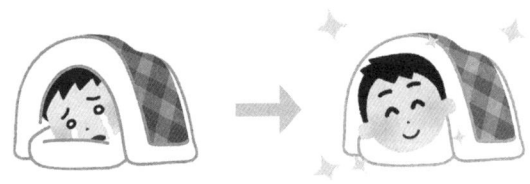

이불 속도 나쁜 게 아니었어

이불 속도 나쁜 게 아니었단 말이지!

「공」의 철학, 놀랍도다! 고마워요 용수 형님!

중국 편

3장

도(道)

자연 그대로가 최강이다

노자와 장자의 철학

3장 도(道) 자연 그대로가 최강이다
노자와 장자의 철학

여기서부터는 중국 편에 들어간다.

지금부터 소개하는 중국의 철학은 놀라울 정도로 인도의 철학과 비슷하다.

인도에서는 「**공**」의 철학이 태어났고,

중국에서는 「**도(Tao)**」의 철학이 태어났다.

「Tao: 타오」라고 부른답니다.

「도」 또한 「공」과 같이,

「이 세계는 픽션이다.」

「모든 만물은 연결되어 있다.」

라고 생각하는 철학이다.

대부분이 같은 내용을 말하고 있다.

「그럼 이 장은 읽을 필요가 없는 거 아냐?」라고 생각할지도 모르겠다.

그러나 비슷해 보이는 인도와 중국의 철학에는 한 가지 큰 차이점이 있다.

목적지가 정반대다.

어떠한 의미인가?

인도의 철학에서는 「이 세상은 거지 같다!」라고 생각한다.

두 번 다시 이 세상에 태어나고 싶지 않으며,

이 세상에서 「해탈」하는 것이 목적이다.

한편, 중국의 철학은 「이 세계는 최고다!」라고 생각한다.

그래서 신선처럼 아주 오래오래 장수하고 싶으며,

이 세상을 「즐기는 것」이 목적이다.

어디까지나 대략적으로 이야기해서다!

그래서 중국의 「도」의 철학으로부터 **「어떻게 하면 인생이 잘 풀릴까?」**라고 하는 처세술을 끌어낼 수 있는 것이다.

3장 도(道) 자연 그대로가 최강이다
노자와 장자의 철학

어떠한가? 매력적이지 않은가?

「도」를 배운다면 일과 사랑을 둘 다 손안에 넣을 수 있다.

일본의 유명한 입시 학원인 신켄제미의 만화 강좌 스타일의 텐션으로 이 철학을 소개해 보겠다.

이 장에서는 「도」를 철학한 「노자」와 「장자」라는 두 인물을 다루어 본다.

노자는 어떤 인물?

지금으로부터 2,500년 전. 다시 말해 아득히 먼 옛날. 인도에서 붓다가 활약하고 있을 무렵, 기적적으로 같은 시기의 중국에서도 믿을 수 없을 만큼 탁월한 철학자가 출현했다.

그가 **「노자」**다.

최강의 철학 「도」를 설파한 전설의 인물이다. 너무나도 전설적이어서 실제로 존재했었던 인물인지는 알 수 없다고 한다.

하지만 상관없다.

「있다」, 「없다」 등의 시시한 것은 개의치 마시기를. 어떤 쪽이든 괜찮다. 그런 게 바로 동양철학이니까.

◆ ◆ ◆

이 사람이 노자다.

노자의 공식적인 초상사진을 알아봤는데 어떤 것이 사용 가능한지 몰라서 AI에게 「노자같이 생긴 사람을 그려 줘.」 라고 했더니 이런 그림이 만들어졌다.

3장 도(道) 자연 그대로가 최강이다
노자와 장자의 철학

　노자 같아 보여서 만족한다. 실존 인물인지도 명확하지 않고 하니, AI가 그린 초상화 정도가 딱 좋다.
　풀이 듬성듬성 자란 바위 위에 걸터앉아 있는 것만으로도 만족스러운 듯한 노인.

　완벽하게 자연과 일체의 조화를 이루고 있다.
　인간이라기보다는 **거의 잡초**에 가깝다.
　이 사람 바로 옆을 지날 때도 「사람」인 줄 모르고 그냥 지나쳐 버릴 듯하다.

심하게 자연 그대로의 상태

　노자는 「무위자연」의 삶의 방식을 설파했다.
　라고 전해진다.
　아주 심플하게 말하자면 「있는 그대로가 좋다.」라고 하는 것이다.
　맞다. 자본주의 사회에 지친 현대인들 사이에서 크게 유행하고 있는, 「있는 그대로의 삶이 아름답다.」라는 사고방

식의 대선배는 바로 노자인 셈이다. 모두 노자의 짝퉁에 불과하다.

그런데 말이다.

나는 「있는 그대로가 좋다.」라고 말하는 사람을 기본적으로 경계한다.

그렇게 말하는 인간들 대부분이 재력이 있으면서 얼굴까지 잘생긴 경우가 많다. 그래서 신용하기 힘들다.

전형은 「Let it go(내버려 둬)~」라고 노래하는 디즈니 영화, 「겨울 왕국」의 아무개 여왕이다.

3장 도(道) 자연 그대로가 최강이다
노자와 장자의 철학

엘사, 태생이 공주이며 비싼 드레스에 보석으로 온몸을 치장하고 완벽한 메이크업을 구사한 여자가 「있는 그대로가 좋다.」라니, 설득력이 전혀 없다! 진심이다! 나는 지금 화를 내고 있다!

그 점에서 노자는 완전 신용할 수 있다. **거의 잡초**니까.

거의 잡초가 「있는 그대로가 좋다.」라고 말할 때의 설득력, 굉장하지 않은가.

그가 바로 노자, 기대하지 않을 수 없는 인물이다.

실존인물인지 아닌지는 모르지만 말이다.

장자는 어떤 사람?

다음으로 소개할 사람은 장자다. 「**장자**」는 노자의 아우뻘 되는 존재다.

노자보다 100년쯤 후에 나타난 인물인데 사고체계가 비슷하다.

「노자」와 「장자」의 철학을 「**노장사상**」이라고 부른다. 나고

야(名古屋)와 고베(神戶) 간의 고속도로를 앞 글자만 따서 메이신고속이라고 부르는 것 같은 느낌.

덧붙여 말하자면 장자는 실존인물로「추정」된다고 한다.

아무래도 상관없지만 말이다.

「실제로 살아 있었던 인물」로 추정되기 때문에 초상화까지 남아 있다.

장자는 이렇게 생긴 사람(↑)이다.

노자와는 확연히 다르다.

독수리와도 같은 매서운 눈. 산들바람에 나부끼는 턱수

3장 　**도(道)** 자연 그대로가 최강이다
　　　노자와 장자의 철학

염. 상의는 오버사이즈로 자연스럽고 편안한 라인에, 세워 입은 옷깃에서 티 나지 않는 센스가 돋보인다.

그리고 이 위풍당당한 후광.

벼슬 높으신 대신인가? 아님, 대학자? 것도 아님, 조폭의 우두머리?

그러나 매우 놀라운 사실,

「백수」다.

장자는 **인생의 대부분을 백수로 살았다.**

백수이면서도 이런 존재감을 발사할 수 있다니… 충격적이다.

같은 백수로서 단언컨대 직업이 없으면 대부분의 사람들은 「백수의 얼굴」로 변해 간다. 눈에 힘이 풀리며 어딘가 어두워 보이고 반은 얼빠진 듯한 표정.

「나 같은 인간이 이 세상에 존재해서 미안합니다.」

라는 얼굴이 돼 버리고 만다.

그러나 장자의 「얼굴」을 한번 보시라. **「나는 존재해도 괜찮다.」**라는 10,000% 긍정의 「얼굴」을 하고 있지 않은가.

백수인데도 말이다.

그리고 실제로 무직의 상태에서 「있는 그대로가 좋다.」라는 주장을 설파해서 역사에 이름을 남겼다.

백수인데도 말이다.

게다가 장자의 책의 타이틀은 『장자』다.

대기업가 스티브 잡스도 『스티브 잡스』라는 책을 냈지만, 그 정도의 수준, 아니 그 이상의 인물인지 모른다.

백수인데도 말이다.

무직임을 두려워하는 자들은 모두 장자의 철학을 배워야 한다.

장자라고 하는 사람의 터무니없는 스케일에 압도되어 무직이라는 고민은 완벽하게 사라질 것이다.

「노자」와 「장자」──「거의 잡초」와 「백수」.

이 두 사람이 「있는 그대로가 좋다.」라고 단언한 철학,

「도(道)」의 철학을 지금부터 소개하겠다.

3장 도(道) 자연 그대로가 최강이다
노자와 장자의 철학

「도(道)」란 무엇인가?

자, 그럼 「도」란 무엇인가?

한마디로 정리하면 「우주를 만드는 근원적인 힘」이라고 할 수 있겠다. 스케일이 엄청나다.

노자의 말을 소개한다.

노자의 유일한 책 『도덕경』 맨 처음에 나오는 문장이다.

> 「道可道非常道(도가도비상도)」
> —「도」라고 말해 버리면 더 이상 참된 도가 아니다.
>
> 노자 「도덕경」 1장

뭔가 깊이가 느껴진다. 어찌됐든 간에 「도」라는 것은 말로 다 할 수 없을 만큼 대단하다는 뜻이다.

「도」에 대한 이해를 위해 노자의 말을 조금 더 살펴보겠다.

「視之不見(시지불견)」

―「도」는 보려고 해도 보이지 않는다.

노자「도덕경」14장

「聽之不聞(청지불문)」

―「도」는 들으려 해도 들리지 않는다.

노자「도덕경」14장

「搏之不得(박지불득)」

―「도」는 잡으려고 해도 잡히지 않는다.

노자「도덕경」14장

「不可致詰(불가치힐)」

―「도」는 물어 따질 수가 없다.

노자「도덕경」14장

「도」의 의미는 명확하지 않다.

그렇기 때문에 막대한 힘을 가지고 있다!

어떠한 힘인가. 「모든」존재를 만들어 내는 힘이다.

3장 도(道) 자연 그대로가 최강이다
노자와 장자의 철학

다음 문장에서도 깊이가 느껴진다.

> 「有名萬物之母(유명만물지모)」
> ― 이름이 있을 때 도는 「만물의 어머니」가 된다.
>
> 노자 「도덕경」 1장

「**만물의 어머니**」라. 굉장한 말이다.

「도」의 철학의 장점은 해석이 자유롭다는 점이다.

붓다와 용수의 언어는 엄격하지만, 노자는 애매모호한 언어로 이야기한다.

독자 여러분들께서도 노자의 말을 그 자체로 음미해 주셨으면 합니다.

잘 이해되지 않더라도 무언가 깊이가 느껴진다면 그것으로 O.K.

「꿈」과 「현실」의 구분이 애매모호

전설적인 백수 장자도 「도(道)」의 철학의 묘미를 맛본 사람이다.

장자는 「도」의 철학을 발전시켜 **이 세계는 「꿈」인지도 모른다**고 생각했다.

장자의 문장들은 재치 있고 흥미롭다.

사람을 조롱하는 듯한 비유의 표현들이 가득하다.

그중에서도 제일 유명한 「나비의 꿈」이라는 에피소드를 소개하겠다.

장자는 「나비가 되는 꿈」을 꾸었다고 한다.

나이 든 백수가 간밤에 꾼 「나비가 되는 꿈」에 대한 글을 SNS에 올린다고 하더라도, 좋아요가 하나도 달릴 것 같지 않지만, 장자 정도가 되면 역사서에 남는 모양이다.

전문(全文)은 다해서 고작 62글자다.

3장 도(道) 자연 그대로가 최강이다
노자와 장자의 철학

> 昔者莊周夢爲胡蝶. (석자장주몽위호접)
> 栩栩然胡蝶也. (허허연호접야)
> 自喩適志與. (자유적지여)
> 不知周也. (부지주야)
> 俄然覺, (아연각) 則蘧蘧然周也. (즉거거연주야)
> 不知, 周之夢爲胡蝶與, (부지, 주지몽위호접여)
> 胡蝶之夢爲周與. (호접지몽위주여)
> 周與胡蝶, (주여호접) 則必有分矣. (즉필유분의)
> 此之謂物化. (차지위물화)
>
> 『장자』내편 제물론 편(齊物論 篇)

그 내용의 대략을 설명하자.

먼저 첫 부분.

옛날에 장자가 꿈에 나비가 되었다.

펄럭펄럭 훨~ 훨~ 요런 느낌.

완전히 나비가 돼서 자신이 장자임을 잊어버렸다.

놀라 꿈에서 깨어 보니, 「나는 영락없는 나잖아」라고 깨닫는다.

여기까지는 백수 아저씨의 평범한 일기.

그 이후가 중요하다.

그래서 생각했다.

장자가 꿈에 나비가 된 건가?

아니면 나비가 지금, 장자의 꿈을 꾸고 있는 건가?

알쏭달쏭해졌다….

상황파악이 애매모호해진 모양이었다.

「장자」는 나비가 꾸고 있는 꿈인지도 모르겠다.

지금 이 순간의 「나」 또한 어쩌면 누군가가 꾸고 있는 「꿈」인지도 모른다.

3장 도(道) 자연 그대로가 최강이다
노자와 장자의 철학

그렇게 생각하면 약간 섬뜩하지 않은가?
그리고 마지막을 이렇게 정리한다.

「장자」와 「나비」는 완전 다른 별개의 존재다. 그러하듯 어떠한 존재라고 하는 것은 전혀 다른 별개의 존재로 변화해 간다.

요컨대,

모든 것의 어머니인 「도」의 앞에서는 「현실」과 「꿈」은 구별이 없고 같은 존재다.
「나」라고 생각하고 있는 것도, 또한 「세계」라고 생각하는 것도, 점차 변화해 간다.

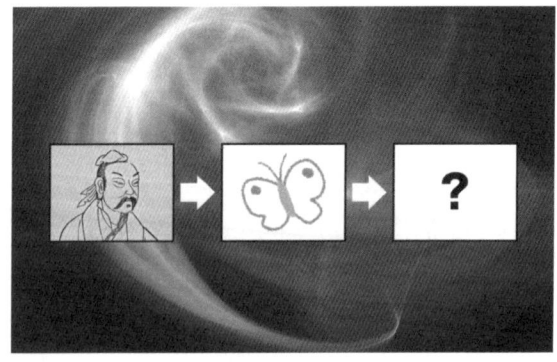

♦ ♦ ♦

 이쯤 해서, 내가 「나비의 꿈」을 실감했었던 상황을 픽업해 보겠다.

 첫 번째는 도시와 시골 사이를 왕복하는 생활을 할 때.

 내가 가고시마 현의 어느 섬마을에 거주할 때, 일 관계로 매월 한 번 동경에 갔다.

 나는 「섬마을」과 「동경」 사이를 오가면서 생각했다.

 어쩜 이건 「꿈」이 아닐까?

 그 정도로 전혀 다른 세계 같았다.

 시골 인간이 도시의 꿈을 꾸고 있는 걸까? 아니면,

 도시 인간이 시골의 꿈을 꾸고 있는 걸까?

 어떤 게 「진짜」인지 구별이 안 되는 느낌.

 동일인물, 동일한 세계 같지만, 우리는 다른 사람, 다른 세계로 변화해 가면서 살아가고 있는지도 모른다.

3장

도(道) 자연 그대로가 최강이다
노자와 장자의 철학

◆ ◆ ◆

「나비의 꿈」을 실감했던 상황

두 번째.

온라인에서 알게 된 사람을 처음으로 오프라인에서 만났을 때.

예전에 SNS에서 고양이 아이콘을 사용하는 사람과 친분을 맺은 적이 있었다.

말끝에 「야옹」을 붙여서 고양이 분위기를 물씬 자아내는 사람이었다.

하루는 오프라인에서 처음 만났는데 실물은 **리얼 동네 아저씨 같았다.**

나와 동연배일 거라고 생각했건만 나보다 20살 정도나 위였다.

그래서 생각했다.

「아저씨」가 「고양이」 흉내를 내고 있는 건가? 그렇지 않으면,

「고양이」가 「아저씨」 흉내를 내고 있는 건가?

알쏭달쏭해졌다.

이 아저씨처럼 극단적이지는 않지만, 우리들 또한 온라인과 오프라인에서 다른 「존재」로 살아간다.

 스마트폰을 손에 들고 앱을 열면, 그곳은 또 다른 세계로 사람들은 저마다 또 다른 인격으로 살아간다. 그야말로 「꿈」의 세계다.

 두 가지의 사례를 소개했다. 아마 두 사례 모두 장자보다는 작은 스케일에 해당할 것이다.
 그러나 의외로, 평범한 생활 속에서도 어떤 존재나 세계는 점차 변화하고 있다.
 「이것이 현실이다.」라고 단언할 수 있는 것은 존재하지 않으며, 단지 우리들은 「꿈」에서 「꿈」으로 이동하며 살아가고 있는지도 모른다.

3장 도(道) 자연 그대로가 최강이다
노자와 장자의 철학

도(道)를 이해하면 천하를 얻을 수 있다

이 세계는 「꿈」이라고 생각하는 「도」.

이 세계는 「환상」이라고 생각하는 「공」.

「도」와 「공」은 닮았다.

그러나 「도」의 철학이 대단한 것은 지금부터다.

「공」은 현실세계의 모든 가치를 부정하지만,

「도」는 현실세계에서의 승리하는 법을 가르쳐 준다.

「도」, 정말 고맙다 고마워!

노자는 이런 말을 남겼다.

> 「以無事取天下(이무사취천하)」
> — 이상한 짓 하지 말고 그냥 그대로 있으면 천하를 얻는다.
>
> 노자 「도덕경」 57장

이건 대단한 발언이다.

「거의 잡초」 같은 노자가 「천하를 얻는다.」는 말을 하다니, 대범한 발상이지 않은가!?

있는 그대로야 말로 「최강」이며 천하를 평정한다고 단언했다.

정말 그런 경우가 있을까? 노자의 또 다른 문장 하나를 살펴보자.

> 「天下之至柔, 馳騁天下之至堅(천하지지유, 치빙천하지지견)」
> ― 세계에서 가장 부드러운 것이 세계에서 가장 단단한 것을 지배한다.
>
> 노자「도덕경」 43장

대관절 무슨 의미인가? 구체적으로 들어가 보자.

이 세계에서 가장 강한 존재 미국을 예로 든다.
「미국보다 강한 존재는 무엇인가?」

먼저 미국은 단연코 세계에서 제일 강한 나라다. 세계의 군사비 랭킹도 1위이며 힘의 정점에 있다. 그 어떠한 나라

3장   도(道) 자연 그대로가 최강이다
노자와 장자의 철학

와 비교해도 미국이 최강임에 틀림없다.

그런데 말이다.

「미국보다 강한 것은 무엇일까?」

이 질문에 노자라면 이렇게 답할 것이다.

「바다」

노자는 차원이 좀 다르다.

어떠한 의미인지 설명해 보자.

노자는 바다를 **백곡의 왕**(百谷王: 노자 「도덕경」 66장)이라고 표현하고 있다.

바다는 아무것도 하지 않는다.

그저 제일 낮은 곳에 머물며 모든 것을 받아들인다.

우리들의 목욕물이나 어쩌면 소변까지도 전부 바다로 흘러간다.

모든 강이 바다로 연결되어 있는 것이다.

바다는 경쟁을 하지 않는다.

미국도 바다를 「적」이라고 생각하지 않는다.

그러나 만약에 바다를 멸망시킨다면 곤경에 빠지는 것은 미국이며, 애당초 파괴할 방법이 없다.

바다는 제일 낮은 곳에 있는데도 불구하고 제일 강하다.
근본적으로 다투지 않기 때문에「적」이 없다. 무적인 셈이다.

「도」의 철학은 스케일이 크다.
「이긴다.」라고 할 때 전혀 다른 차원의 답을 내어 준다.
 하지만 그 스케일이 너무 거대해서, 과연 자신의 삶에「도」를 어떻게 적용해야 할지 막막하게 느껴질 것이다.
 그래서 여기부터는 나의 해석을 최대한 곁들여,「도」의 철학을 응용하여 현대사회에서 승리할 수 있는 방법에 대해 이야기하겠다.

「도(道)」에서 배우는 결혼전술

 현대사회에서 종종 우리들은「시장」에 내놓아진다. 노동시장과 결혼시장 안에서 우리들은 한낱 상품에 불과하다. 늘 경쟁해야 하는 세상이다. 싫다, 싫어~.
 그러한 상황에서「도」의 철학을 활용하여 경쟁에서「이기는 방법」을 생각해 봤다.

3장 도(道) 자연 그대로가 최강이다
노자와 장자의 철학

먼저 「결혼」에 대해 생각해 보자. 언제부터인지 일본 사회에서 익숙해져 버린 단어로 콘카츠(婚活, 혼활 : 결혼을 목적으로 하는 여러가지 활동)가 있다. 이 콘카츠는 2007년부터 등장했다고 한다. 이러한 사회적 현상을 반영하듯, 『콘카츠 베틀필드 37』이라고 하는 만화까지 존재한다.

「콘카츠」는 종종 「전쟁터」에 비유되곤 한다. 소개팅 앱에 들어가 보면 어마어마한 「스펙」을 가진 경쟁자들의 실체와 접할 수 있다.

「전쟁」에 돌입하기 전부터 의기소침해지기 일쑤다.

스펙이 좋은 콘카츠 인재들

그런데 말이다!

그런 적들의 소굴 같은 콘카츠의 전쟁터에서

「완전 평범해 보이지만 왠지 잘나가는 사람」을 본 적이 없는가?
필시 목격했을 것이다.

생긴 것도 보통이고 딱 봐서 특별히 눈에 띄는 장점도 없다.

그런데 **뭔가 느낌이 좋다.**

그리고 한순간에 좋은 상대를 만나 콘카츠 시장에서 「해탈」해 나간다.

저 인간들 뭐지!?

라는 생각이 들 수밖에 없다.
나의 견해를 이야기하겠다.

「그런 인간들」은 평범한 척하고 있지만 「도」의 파워를 쓸 줄 아는 것이다.

어떠한 의미인가? 설명해 보자.
콘카츠는 「전쟁터」와 같다고들 한다.

3장 　도(道) 자연 그대로가 최강이다
　　　　노자와 장자의 철학

「연령」, 「외모」, 「연봉」이라는 잣대를 사용해서 합산치가 가장 높은 상대를 어떻게 내 것으로 만들 것인가.

콘카츠 게임의 플레이어들은 이를테면 가상현실 세계에 존재한다. 현실에 있는 것 같지만 가상세계 속에 있다.

어쩌면 상대의 모습은 거의 눈에 들어오지 않는다.

그런데 「무지 평범한데 왠지 모르게 인기 있는 사람」은 무언가 다르다.

그들은 「경쟁」이 단지 픽션임을 알고 있다.

「도」의 세계와 연결되어 있는 것이다.

그런 사람들은 「도」의 철학을 능숙히 사용할 줄 안다. 이를테면 **「타오이스트(도의 철학을 실천하는 사람)」이다.**

타오이스트의 영적 기운

반대로 「스펙」은 좋지만 「느낌이 별로인 사람」이 있다.

그들은 상대방을 「상」・「하」로 나누는 픽션의 세계에 갇혀 있다.

3장 도(道) 자연 그대로가 최강이다
노자와 장자의 철학

그 점에서 타오이스트는 **시야가 미치게 넓다.**

가상현실(VR)에서 벗어나 있는 그대로를 볼 줄 안다.

그렇기 때문에,「상」·「하」의 딱지를 붙여 상대방을 분별하려고 하지 않는다. 또,「밑의 사람」에게 고압적인 태도로 대하지 않으며,「윗사람」에게 어색한 태도를 보이는 일도 없다.

자신이 VR고글을 벗고 있기 때문에 상대도 따라서 마음을 열고 VR고글을 벗는다. 그러면 그곳은「도」의 파워가 살아있는 장소가 된다.

저절로 좋은 분위기가 될 수밖에 없다.

가상현실에서 벗어나면「스펙」은 환상처럼 사라져 버린다.

애초부터 모두가 콘카츠라는「전쟁터」에 참가하고 있는 중이며, 거기서 만나는 대부분의 사람들은「전쟁에서 지칠 대로 지쳐 버린 전사」들이다.

그래서 상대방과 서로 경쟁하는 사람보다,「바다」처럼 모든 것을 수용할 수 있는 사람이 절대적으로 인기를 끌게 되는 것이다.

결과적으로, 제삼자의 눈에는 「스펙」이 좋은 사람과 매칭된다.
하지만 본인은 그런 자각조차 없다.

3장 도(道) 자연 그대로가 최강이다
노자와 장자의 철학

> 「爲而不恃 (위이불시)」
> ― 위대한 것을 이루지만 그것을 자랑하는 일이 없다.
> 노자 「도덕경」 51장

주위에서 보면 「승리한 자」이지만 본인은 「이겼다.」는 의식조차 없다.

노자가 말하는 「이겼다.」라는 의미는 이러한 것이다.

이것이 바로, 「완전 평범하지만 왠지 모르게 인기 있는 사람들」의 정체라고 생각한다.

「도」에서 배우는 이직전술

「콘카츠」와 양대산맥을 이루는 현대사회의 또 다른 시장은, 바로 「이직」시장이다.

이 책을 읽고 있는 사람들 중에도 이직을 생각하고 있는 사람이 많을 것이다. (라고 생각한다.)

좋은 이직을 할 수 있는 방법 또한, 도의 철학으로 배울 수 있다.

자, 그럼 현대사회에서 이직을 어렵게 만드는 시추에이션을 말해 보자.

밑의 (↓)상황이다.

화가 치민다~

이직하고 싶다고 말하면 「밖에서 명함도 못 내민다.」라는 식의 일단 반대부터 하고 보는 부정적인 말들. 아직까지도 이런 이야기들이 꽤 오가는 모양이다.

하지만 이직의 세계에서도 존재할 것이다.

대단한 스킬이 있는 것도 아니고,

3장 도(道) 자연 그대로가 최강이다
노자와 장자의 철학

딱히 누구에게나 인정받는 자격이 있는 것도 아니다.
그런데 왠지「느낌」이 좋은 사람.

「그저 평범하기 짝이 없는데 왠지 잘 풀리는 사람들」

한순간에 회사에 사표를 던지고 어느새 환경도 좋고 연봉도 좋은 곳에서 일하고 있다.

도대체 저 인간들 뭐지!?

이제 그에 대한 답을 알 수 있을 것이다.
그들은「도」의 세계와 연결되어 있다.
「타오이스트」인 것이다.

여기에도 계시네.

◆ ◆ ◆

타오이스트들의 최대의 강점, 그들에게는 **「죽음」이 존재하지 않는다**는 것이다.

> 「人之生也柔弱, 其死也堅强.
> (인지생야유약, 기사야견강)」
> ― 부드럽고 유연한 것은 「생」의 벗이고,
> 딱딱하고 뻣뻣한 것은 「죽음」의 벗이다.
>
> 노자 「도덕경」 76장

어떠한 의미인가?

「밖에서 명함도 못 내민다.」는 위협적인 말이 먹히는 것은 「회사를 그만두면 살아남을 수 없다.」는 생각이 있기 때문이다.

이 경우의 「죽음」이란 사회로부터의 고립.

「사회적인 죽음」이다.

그러나 타오이스트들은 「회사」가 픽션임을 알고 있다.

「사회적인 죽음」을 「게임에서 1번 죽는 정도」로 밖에 인식하고 있지 않기 때문에 위협해도 별 효과가 없다.

가령 이직할 회사를 찾지 못한다 하더라도 자신의 생명과 다른 생명의 연결을 느끼며 살고 있기 때문에 태평할 수 있다.

원래부터 타오이스트들은 「도」의 세계와 연결되어 있다.

「밖에서 인정받지 못하기」는커녕, 몸은 회사에 있어도 실제로는 「밖에 있는 거」나 다름없다.

타오이스트는 무적

타오이스트들은 불사신이다.

불사신(不死身)인 사람은 당연히 강하다.

특별한 업무상의 기술이 없더라도 최강이다.

결과적으로 일도 잘되고 모든 사람들로부터 사랑을 받는다. 이것이「도」의 파워를「콘카츠」와「이직」에 응용하는 방법이다. (어디까지나 저의 해석입니다.)

◆ ◆ ◆

마지막으로 다시 노자의 말을 인용하자.

>「窪則盈 弊則新(와즉영 폐즉신)」
> — 비어 있기 때문에 채워질 수 있다.
>
> 노자「도덕경」22장

텅 비어 있기 때문에「도」와 연결될 수 있다.

노자는「거의 잡초」.

장자는「백수」.

없어도 너무 심하게 없다.

3장 　도(道) 자연 그대로가 최강이다
노자와 장자의 철학

　그러나 그들은 극도로 비움으로써 무한의 파워를 사용하고 있는 것이다.
　정말 대단하다, 「도」!

나와 「도」

　지금부터는 나에게 있어서 「도」가 어떠한 의미를 가지고 있는지에 대해 이야기해 보겠다.
　「공」의 장에서도 이야기했지만 나는 내가 「인정받지 못하는 것」이 두려웠다.
　「아무것도 아닌 나」를 받아 주는 사람은 없을 거라고 생각했다.
　그러나 실제로 이혼하고 백수가 되었다.
　그리고 사회적인 「죽음」은 현실로 다가왔다.
　「아무것도 아닌 나」를 모두에게 들키고 만 것이다. 내 인생은 끝장나고 말았다.
　그런데, 사람들의 반응은 예상외였다.
　내가 「백수」가 되고 「이혼」을 해도 내 곁을 떠난 친구는

단 한 명도 없었다. (아마도)

아무것도 아닌 나를 들켜 버리면 「죽음」이라고 생각했던 것은 완전히 오산이었다.

오히려 무직과 이혼을 경험한 후, 여러 사람들에게 연락이 왔다.

「나도 우울증으로 휴직 중이야.」
「나도 실은 이혼했어.」
「부모님이 이혼하셨어.」

등등, 지금껏 알지 못했던 친구들의 상처를 알게 되었다.

고립되기는커녕, 오히려 깊고 자연스러운 인간관계를 맺을 수 있었고, 그렇게 이어진 관계는 깨어질 두려움이 없었다.

몇 년씩 서로 연락을 못해도 항상 연결되어 있는 듯하다.

「사회적인 죽음」이라고 생각했건만, 오히려 「사회적인 죽음」으로부터 자유로워지는 결과를 얻었다.

비어 있음으로 해서 채워지는 것, 정말 그랬다.

무엇보다도 무직&이혼에 의해 엄청난 시간적 여유가 생겼다.

3장 도(道) 자연 그대로가 최강이다
노자와 장자의 철학

친구가 같이 여행 가자며 「언제 시간이 돼?」라고 물었을 때 달력을 보고 놀랐다.

그날부터 미래 영겁 약속이 하나도 잡혀 있지 않았다.

「괜찮지 않은 날이 없어.」라고 대답하면서 문득 생각했다.

「나는 무적의 인간이로구나.」

그런 느낌이 들었다.

그리고 실제로 너무 한가해서 동양철학에 빠지게 되었고, 이어서 책도 쓰게 되었다.

지금까지 나는 「내가 하고 싶은 일」을 찾기 위해 많은 방황을 해 왔다

개그맨에까지 도전해 봤지만 「하고 싶은」 일을 끝내 찾지 못하고 내 인생은 더 이상 「희망이 없다.」고 생각했었다.

하지만 빈 껍데기가 되고 난 후에야 비로소 처음으로 「내가 원했던 일」과 자연스럽게 만날 수 있었다.

◆ ◆ ◆

 실로 신통하도다, 「도」!
 「극도로 평범한데 왠지 잘 풀리는 사람」, 나도 그런 사람이 되고 싶다.
 하지만 「도」의 경지에 이르기 위해서는 어떤 과정이 필요한 걸까?
 노장사상은 이해하기 어려운 부분이 있다.
 노장사상은 「수행」에 대해서는 설명하지 않는다.
 그래서 다음 장에서는 실제로 어떤 방법으로 「도」와 「공」의 경지에 도달할 수 있는가를 가르쳐 주는 철학을 소개하겠다!

중국 편

4장

선(禅)

언어로는 설명이 안 돼

달마의 철학

4장 선(禅) 언어로는 설명이 안 돼
달마의 철학

지금까지 「공」과 「도」라고 하는, 동양철학의 최고봉에 오른 사람들의 핵심 세계관을 소개했다.

그러나 붓다나 노자는 너무 초인적인 존재들이다. 간단히 흉내내기란 쉽지 않다.

그렇다면 우리가 어떻게 하면 「공」과 「도」라고 하는, **「언어를 초월하는」 경지에 도달할 수 있는 걸까?**

그에 대한 하나의 답이 **「선(禅)」**이다.

「선」

누구나 한 번쯤은 들어 본 적이 있는 말일 것이다.

선에 대해 어떤 이미지를 가지고 있는가?

스님이 「조용히」 앉아 있다.

물결이 「조용히」 퍼져 나간다.

다도(茶道)등의 「조용한」 공간.

그러한 이미지가 아닐까? 어쨌든 엄청나게 「조용한」 분위기라는 이미지.

그런데 말이다.

지금부터 「선」의 「조용한」 이미지는 완전히 파괴될 것이다.

선이란 원래 극도로 **격렬한 것이다.**

4장 선(禪) 언어로는 설명이 안 돼
달마의 철학

◆ ◆ ◆

사실 「선」은 중국에서 태어난 불교로, 일본이 시조는 아니다.

인도에서 날아온 불교의 씨앗이 중국에 건너가 찬란하고 아름다운 꽃을 피웠다. 그것이 「선」이다.

이소룡.

중국무술을 마스터한 최강의 사나이다.

그가 남긴 말, 「생각하지 말고 그냥 느껴!」는 중국 문화를 상징하는 말이다.

이소룡

인도는 「논리」를 중시했고, 중국은 「경험」을 중시했다.

「언어의 한계를 극복」하기 위해서는 어떻게 해야 할까?

이 질문에 대해 인도의 불교도들은 너무도 난이한 토론

을 펼쳤다.

그러나 중국에서 태어난 「선」의 대답은 하나다.

「말을 버려라.」

완전 심플하다.

언어의 한계를 극복하려면 언어를 버리면 된다. 이것을 **「불립문자(不立文字)」**라고 한다.

그거야 그렇겠지만.

놀라운 것은 「선」의 교리는 오로지 「말을 버려라.」라는 한 문장으로 통일된다는 점이다.

그래서(?), 「선」은 논리보다는 감정을 중요시하는 타입의 사람들에게 추천한다.

이 말에, 「아, 그래? 내가 바로 감정형 인간이야! 나와 잘 맞겠네!」라고 생각하는 당신. 「선」의 격렬함을 얕잡아 봐서는 안된다. 중국 「선」의 대가들은 꽤나 살벌하다.

생긴 건 거의 야쿠자 수준.

4장 선(禪) 언어로는 설명이 안 돼
달마의 철학

「남천참묘」

「달마대사」

「임제의현」

에이, 설마 그렇게까지 무섭겠어?

「내가 감정형 인간이라구!」라는 등의 가벼운 발언을 했다가는 크게 다칠 것이다.

그러한 선 마피아의 우두머리이자, 선불교를 만든 달마대사를 소개한다.

말을 전혀 하지 않는 타입

「달마대사」. 일본에서 그 유명한 「다루마닌교(달마인형)」의 모델이 된 인물이다. 다루마인형의 모델이 사람인지는 처음 알았다.

달마대사는 실은 인도 사람으로,

붓다의 탄생으로부터 약 1,000년 후의 인물이다.

그의 외모는 우락부락하고 험상궂었으며, 거의 말을 하지 않았다. 아마도.

심하게 말이 없는 타입으로 「말을 버리다.」라고 하는 독자적인 스타일로 깨달음에 이르렀다.

그러한 달마대사에게 인생의 전환점이 찾아온다.

죽기 전 스승님에게,

「너, 중국에 가서 불교를 좀 알리고 오너라.」

라는 미션을 전달받은 것이다.

4장 선(禅) 언어로는 설명이 안 돼
달마의 철학

이렇게 해서 달마대사는 중국에 「선」을 전하러 가게 된다.

그런데 말이다. 여기에는 한 가지 문제가 있었다.

달마대사는 말을 전혀 하지 않는 타입이었다. 과하다 싶을 정도로 말을 버린 남자.

중국인들 입장에서 보더라도 전혀 말이 없는 무뚝뚝한 인도인이 중국에 온들, 「저 사람, 뭐 하러 여기 왔어?」라고 생각하면 그만이다.

어쩔 거야, 달마 씨!?

달마 씨는 행운아

그렇게 해서 달마대사는 중국을 향해 길을 떠났다.

그런데 달마대사는 꽤 운이 좋은 「행운아」였다.

달마대사가 모티브가 된 다루마 인형은 행운을 상징하는데, 실제로도 달마대사는 상당히 운이 좋았다.

중국에 도착하자마자 곧바로 「황제」와 만나게 된다.

황제는 중국의 최고 지도자다. 선을 널리 알릴 수 있는 절호의 찬스를 확실하게 포착한 것이다!

게다가 달마대사가 또 한 번 운이 좋았던 건, 황제가 불교의 광팬이었다는 사실! 그건 거의 기적에 가까웠다.

당시의 중국은 여기저기에서 전쟁이 끊이지 않았고 황제는 무장집단의 보스와도 같은 존재였다.

그러한 황제가 러브 앤 피스를 추구하는 불교의 열혈 팬이라니.

초상화를 사용할 수 없어서 AI로 생성

4장 선(禅) 언어로는 설명이 안 돼
달마의 철학

이를 놓고 비유를 하자면, 사자에게 야채를 팔러 갔는데 우연히 만난 사자가 어쩌다 베지터리언이었을 확률과 거의 흡사하다고 할 수 있겠다.

더욱이 놀라운 것은 황제로부터 직접 달마대사에게 「한번 만나고 싶다.」는 연락을 해 왔다는 사실이다.

운이 좋아도 너무 좋았다. 행운아가 맞네, 달마 씨.

달마 씨, 심하게 무뚝뚝해서 끝장나다

그렇게 핑크빛 장래밖에 보이지 않았던 상황에서 달마씨는 어떻게 되었을까?

달마대사와 황제의 대화가 「전설의 섹션」으로 기록돼 있어서 소개하겠다.

—당일, 왕궁에서

황제는 텐션이 업된 상태였다. 불교계의 거물 「달마대사」가 눈앞에 있다니. 범상치 않은 아우라가 느껴진다. 질문하고 싶은 것이 많은 황제는 들뜬 기분으로 물었다.

「나, 지금껏 절을 1,000개나 지었거든.」
「그니까 이담에 무지 복 받는 거 맞지?」

헐~ 1,000개씩이나? 좀 징하다.
「복 받으실 겁니다.」 그렇게 말해 주면 당연히 황제가 기뻐할 것을.
선을 알릴 수 있는 절호의 찬스잖아유!
그러나 달마대사는 이렇게 대답한다.

「못 받슴돠.」

안 돼, 달마 씨! 사회경험 없쓔?
극히 실례되는 발언으로 황제의 체면이 지하로 추락하기

4장 선(禅) 언어로는 설명이 안 돼
달마의 철학

일보 직전이다.

주위에서 보고 있던 이들이 「저 아저씨 완전 사형감이네.」라고 웅성거렸을 것이다.

그러나 황제는 어른스러웠다.

하기사, 「나 무지 복 받겠지?」라는 질문은 좀 수준이 낮았소. 내가 미안하오.

분위기를 바꿔서 좀 더 현명한 질문을 해 보았다.

「불교에서 가장 중요하게 여기는 것은 무엇이라고 생각하오?」

나이스 퀘스천. 달마대사는 불교를 포교하러 온 것이다.

「방금 전의 무례함은 한번 봐줄 테니까 마음껏 불교를 설파하시게나.」라는 윗사람의 여유.

황제로부터 최고로 좋은 패스가 달마대사를 향해 날아왔다.

이제 남은 건 가볍게 골을 넣기만 하면 O.K

「불교에서 가장 중요하게 생각하는 것」, 도대체 그게 무얼까!? 달마대사의 대답은 다음과 같다.

「그런 건 없다.」

달마씨! 건 쫌 아니지!
아닌 정도가 아니고,
빨간 딱지일세! 황제도 여기서 뚜껑이 열려 버렸다.

「헐, 그럼 당신은 뭐야.」

내가 하고 싶었던 말이 바로 그 말. 달마, 당신, 불교 포교하러 간 거 아냐?
「불교에서 소중히 여기는 것」은 「없다.」 그럼 넌 대체 뭐

4장 선(禅) 언어로는 설명이 안 돼
달마의 철학

하러 여기 온 건데. 인도로 돌아가 버려.

「**뭐야, 쟤.**」

이 말은 질문이라고 할 것도 없이 그냥 하도 기가 막혀서 황제가 혼자서 내뱉은 말이었다. 여기서 둘의 대화는 종료된다. 그런데 달마대사는「뭐야, 쟤.」라는 말에 대답을 하고 만다.

「**모른다.**」

최악의 상황이다. 반항기의 중학생이 엄마를 대하는 듯한 태도를 황제 상대로 하면 안 되는 거지.

그리고 달마대사는「이 인간하고 말이 안 통하네.」라며 스스로 성을 나가 버렸다…

대화가 안 통한 게 황제 때문? 자기 긍정감 너무 높은 거 아냐?

이야기는 여기서 끝이 난다.

달마대사는 중국에 선을 널리 알릴 수 있는 기적적인 찬스를 완전히 망치고 말았다. 어째서?

 진지한 의문, 달마대사는 도대체 무엇 때문에 인도로 간 걸까?

달마 씨, 심하게 말을 포기해 버린 문제

여기서 상기해 주시기 바란다.
「선」의 정신, 그것은 「불립문자」의 정신으로,
「말을 버려라.」라고 하는 것이다.
말로 해 버리면 그 시점에서 거짓이 되고 마는데,
달마대사는 완전 크게 깨달은 인물이다.
『화엄경』에 의하면 깨달음에는 52단계가 있다고 한다. 제「1」단계도 깨달음의 수준이 상당히 높은 편인데 그 위로도 깨달음의 단계가 꽤나 많다.

 한 번은, 달마대사의 제자 중 한 명이 「대사님, 대사님의 레벨은 솔직히 말해서 몇 단계쯤에 속하나요?」라는 초등학생 같은 질문에 「30」이라고 대답했다고 한다. 레벨 30이시

4장 선(禪) 언어로는 설명이 안 돼
달마의 철학

로군.

음… 다시 말해, 깨달음의 수준이 상당했다는 말이다.

요컨대 황제와 대화할 당시, 주위에서 보면 달마대사는 한 사람의 인간으로밖에 보이지 않았을 테지만, 달마대사는 이미 고스란히 「언어로는 형용할 수 없는 경지」를 체현하고 있었던 것이다.

이미 저쪽의 세상으로 완전히 넘어가 버린 상태였다.

여기서 황제의 질문을 다시 한번 떠올려 보자.

「불교에서 가장 중요하게 여기는 것은 뭐라고 생각해?」

「공」, 「깨달음」, 「진리」…. 어떤 대답을 해도, 모든 것이 한낱 언어에 불과하다.

달마대사는, 언어를 넘어서는 경지를 전신으로 체현해 보이는 것으로, 황제에게 「선」을 전달하려고 했던 것이다.

절을 많이 세운다고 해도 「말로 다 할 수 없다.」

불교에서 제일 중요한 것도 「말로 다 전할 수 없다.」

너는 누구냐라고 물어도 「말로 다 설명할 수 없다.」

달마대사의 입장에서는 사실 황제에게 100%의 회답을 한 것이나 다름없었다.

달마 씨의 깊은 사고력! 역시 대단하군! 그러나 문제가 있었다.

그걸 상대방이 어떻게 아냐고요.

그것도 처음 본 사람이 말이다.

달마대사는 「말을 버리다.」를 너무나 충실히 실천한 나머지, 불친절하고 예의도 모르는 괴상한 인간으로밖에 비치지 않았던 것이다.

그냥 담백하게 「말을 버리는 것이 중요합니다.」라고 했으면 좋았을 것을….

4장 선(禪) 언어로는 설명이 안 돼
달마의 철학

또다시 찾아온 기적

「그 이후」의 달마대사의 이야기를 해 보자.

달마대사는 황제의 힘을 빌려서 「선」을 널리 포교하는 일에는 실패를 한다.

황제는 분명 화가 났을 거다. 자신에게 찾아온 최고의 찬스를 내동댕이쳐 버린 꼴이다.

그래도 「선」만은 알리고 싶다. 달마 씨, 어떻게 할래요!?

또 다른 권력자를 찾아가 봐야 하나? 그저 착실하게 길거리에서 포교활동을 해야 하나?

그러나 달마 씨는 궤도를 이탈한 선택을 하게 된다.

세상에나, 동굴 속으로 들어가서 벽을 바라보고 9년간이나 앉아 있었다.

「면벽 9년(面壁 9 年)」이라는 수수께끼 같은 에피소드가 전해진다. 무슨 이런 말을 4자성어로 만들었는지.

오로지 벽 앞에 앉아서 「말을 버리다.」를 줄기차게 실천했다. 성미가 괴팍스러워도 여간 괴팍한 게 아니다. 아니, 앉아 있을 거면 그냥 인도에서 앉아 있든가.

그러나 달마대사 정도의 수준이 되면 보이는 세계가 다

른가 보다.

본질을 극하게 추구한 나머지 기적이 일어난다.

「사람이 저토록 벽 앞에 오래 앉아 있을 수 있다니. 완전 멋지다!!」

라고 감동한 중국의 승려 한 명이 찾아왔다. 과연 달마대사의 아우라는 남달랐나 보다.

「저를 제자로 삼아 주세요!」

벽 앞에 앉아 있기만 했는데 제자 후보가 나타났다.

「혜가」라는 인물이다. 정열적이면서도 성실해 보이는 아주 느낌이 좋은 사람이었다. 두말할 필요 없이 제자로 삼는 게 좋다. 9년 만에 두 번째로 선을 알릴 절호의 찬스가 찾아온 것이다.

그런데 달마대사는 이렇게 대답한다.

 **「거절한다.」**

4장 선(禅) 언어로는 설명이 안 돼
달마의 철학

거절하지 마. 진심 인도에서 중국까지 뭐 하러 간 건데?

그리고는 달마대사는 다시 벽 앞에 앉았다.

그런데 혜가 씨의 열정도 만만치 않았다. 몇 번이고 거듭해서 제자로 삼아 줄 것을 간청한다.

그러나 그때마다 달마대사는 답했다.

「거절한다.」

거절하지 마. 그래도 혜가 씨는 굴하지 않았다.

너무나도 달마대사의 제자가 되고 싶었던 나머지, 마침내 그는 광기 어린 짓을 하고 만다.

자신의 한쪽 팔을 베어 버렸다.

헐?

「저의 각오를 이것으로 증명합니다.」라며 잘라 낸 팔 한쪽을 달마대사에게 내밀었다.

내밀지 마.

그렇게나 완강했던 달마대사도 꽤나 놀란 눈치였다. 아니, 아마 쫌 꺼림칙했을 거다. 일본의 전통 있는 야쿠자도 새끼손가락 하나를 자르고 마는데, 갑자기 한쪽 팔을 자르다니. 너무나 놀라운 상황에 달마 씨는 그만 「알았어. 제자로 삼아 줄게.」라고 대답해 버린다.

그 당시를 묘사한 그림. 꽤 몽상적이다.

선, 중국에 퍼지다

혜가 씨의 격정적인 행동이 계기가 되어 선은 중국에 퍼지게 되었다.

그도 그럴 것이 한번 상상해 보세요.

4장 선(禅) 언어로는 설명이 안 돼
달마의 철학

혜가 씨가 한쪽 팔이 잘려서 마을로 돌아갔을 때, 그걸 본 친구들이 모두 화들짝 놀랐을 거다.

「도대체 무슨 일이 있었어!? 한쪽 팔, 어디 간 거야!?」

이유를 물으면,

「달마대사의 제자가 되고 싶어서….」라고 대답했을 거다.

팔이 없어진 이유가 되지 않는다.

「선이란 거, 정말 대단한가 봐.」

라고 하는 소문이 중국 전토에 퍼졌을 것이다.

그렇게 생각지도 못한 방법으로 「선을 중국에 포교한다.」는 달마대사의 목적이 달성되었다. 처음부터 끝까지 의문을 품을 수밖에 없는 굉장한 인물이다.

지금까지 장황하게 에피소드를 소개했는데, 덧붙여 말하자면, 달마대사가 실존 인물인지는 알 수 없다고 한다. 그렇기 때문에 여기까지의 에피소드는 모두 없었던 이야기일지도 모른다.

그렇지만 실존했는지 아닌지는 그다지 중요하지 않다. 왜냐하면 동양철학의 사고가 본래 그러하기 때문이다.

선이란 무엇인가?

자, 그럼, 선이라는 철학에 대해 소개하겠다. 「선」이란 무엇인가?

선의 가르침은 오로지 하나.

「말을 버려라.」라는 것뿐이다.

그런데 말이다. 이것은 책이다.

그리고 책은 언어를 사용해서 문장을 써야 완성된다. 「말을 버려라.」라는 선의 가르침을 어찌 책으로 쓴단 말인가.

그런 게 가능할 리 없지 않은가?

나는 이 부분의 원고를 너무 많이 고민해서 아무것도 쓸 수 없게 되었다.

하지만 원고는 보내야만 된다…. 그래서 이렇게 하기로 했다.

다음 페이지부터 「선」이란 무엇인가에 대해 설명하겠습니다. 자, 시작합니다!

4장 　선(禅) 언어로는 설명이 안 돼
달마의 철학

　백지상태인 그대로 보내기로 결정했다. 인쇄 오류도 아니고, 대충 건너뛴 것도 아니다.
　페이지를 넘기면서 무엇을 느꼈는가?
　다음의 질문에 대답해 주시기 바란다.

질문　책에는 글자가 보인다.
　　　그럼, 백지장에는 무엇이 보이는가?

　얼핏 무슨 의도의 질문인가 하겠지만, 자기 나름의 대답을 해 주시길 바란다.
　실은 선의 대가들도 이런 종류의 애매모호한 질문을 던짐으로써「언어의 한계를 극복하는 경지」를 제자들에게 전해 주고자 했었다.
　이를 **선문답**이라고 한다.
　「책의 백지장에는 무엇이 보이는가?」
　라는 질문은 어느 유명한 선문답을 토대로 이 책을 표현해 본 것이다.
　방금 전의 질문에 어떻게 대답했는가?
　내 나름의 답을 적어 보았다.

책을 있는 그대로의 상태로 보는 것

갑자기 백지장이 나타난 순간을 떠올려 보시길 바란다. 이상한 기분이 들지 않았는가?

책은 단지 종이와 잉크로 되어 있다.

그러나 단지 잉크로 되어 있는 「글자」를 읽고 있는 도중에 언어의 마법으로 인해 픽션의 세계에 빠져들고 만다.

그러나 백지를 보고 「이게 뭐지?」라고 생각한 순간 **언어의 마법이 사라졌을 것이다.** (아마도)

픽션의 세계가 안개처럼 사라져 버리고 「책」은 더 이상 「책」이 아니게 된다.

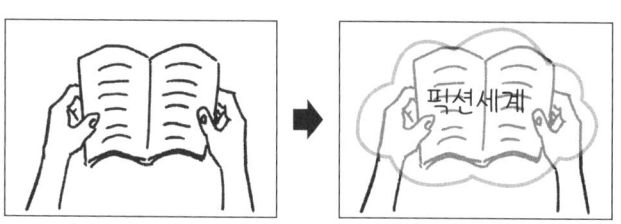

보통의 독서체험

4장 선(禪) 언어로는 설명이 안 돼
달마의 철학

  종이 자체로의 색.
  종이가 만져지는 느낌.
  종이를 넘겼을 때 느껴지는 바스락 소리와 종이 냄새.

  전자 서적을 읽고 있는 사람은 화면에 반사된 자신의 얼굴이 비쳤을지도 모르겠다.
  그리고「책」이 단지 종이로 변했을 때,「책」과 관계를 맺고 있던「나 자신」이라는 환상도 사라졌을 것이다.
  「책」이 없으면「책을 읽고 있는 나」자신도 사라진다.
  왠지 세상 전체가 맑고 청량하게 느껴진다.
  오감이 예민해지고, 공기 중의 소리가 묘하게 선명하게 들려오는 것 같은 느낌.
  모든 만물은 연결되어 있다.
  백지의 책은 온 우주다.
  온 우주는 백지의 책이다.

「언어로 설명할 수 없다.」

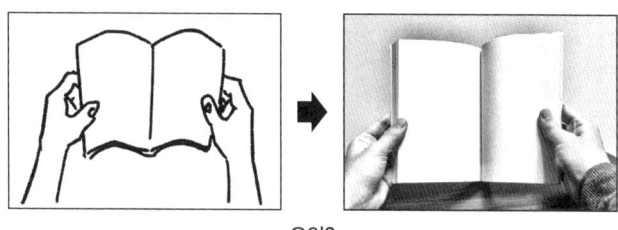

오잉?

　백지를 본 순간 아주 잠시였을지 모르지만 언어의 세계가 아닌 곳에 가 있었을 것이다. (아마도)

　어디까지나 나의 해석이지만, 아마도 그것이 「선」의 입구가 아닐까, 라고 생각한다.

　잘은 모르겠지만. (전문가 분들 미안합니다)

　거기서부터는 더욱더 깊은 세계로 연결된다.

　그리고 달마대사처럼 선을 마스터한 사람은 **「말로 설명이 불가능」**한 세계에 계속해서 머물 수 있는 사람이라고 생각한다.

◆ ◆ ◆

　이와 관련하여 「백지장에 무엇이 보이는가?」라는 질문은 「한쪽 손의 소리」(척수음성 隻手音聲)라는 유명한 선문답을

4장 선(禅) 언어로는 설명이 안 돼
달마의 철학

토대로 한 것으로, 이에 대해 잠깐 소개하고 넘어가겠다.

**질문 양손을 치면 소리가 난다.
그럼 한쪽 손에는 어떤 소리가 있는가?**

정해진 「정답」은 없다고 하니까 꼭 한번 생각해 봐 주시기를 바란다.
나도 한번 대답해 보겠다.
본래 선문답의 경우, 문장으로 이러쿵저러쿵 떠들면 안 되지만 이건 책이기 때문에… 양해를 부탁합니다…!

◆ ◆ ◆

일반상식으로는 한쪽 손만으로는 소리가 나지 않는다.
즉, 「무」다.

양손의 소리는 「유」.
한쪽 손의 소리는 「무」.
그러나 여기서 떠올려 주시길 바란다. 「공」의 철학을.
「유」도 「무」도 픽션이다.

「유」가 존재하기 때문에 「무」가 존재한다.

양손으로 치면 「짝」이라는 소리가 난다. 우리는 이 「짝」이라는 소리를 「유」라고 생각한다.

그리고 「짝」이라는 소리가 사라진 것이 「무」가 된다.

「양손으로 치면 소리가 난다.」라는 말은 픽션의 세계로 유혹하는 함정이다.

우리가 양손으로 치든지 안 치든지 간에 지금 이 세계에는 다양한 종류의 소리들이 계속해서 만들어지고 있다.

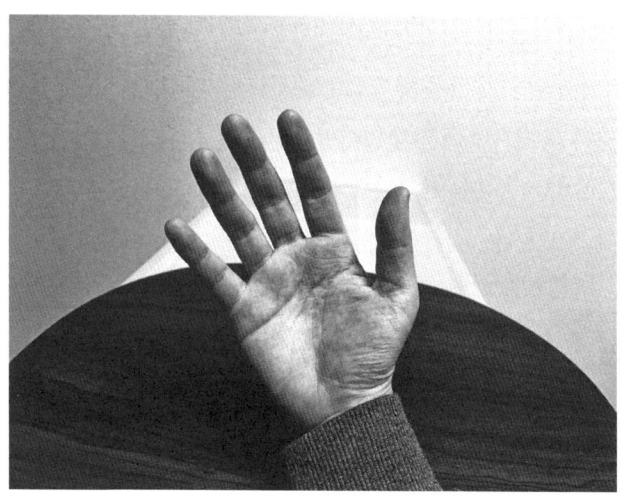

들리는가… 한쪽 손의 소리가

4장 선(禅) 언어로는 설명이 안 돼
달마의 철학

   그것을 「짝」이라는 소리로 유인해서 「유」를 만들기 때문에, 지금 이 세계의 소리를 함부로 「무」라고 이름 붙여 버리는 것이다.
   애초에 「짝」이라는 표현도 언어다. 「양손」도, 「한쪽 손」도, 「소리」도 언어다.

   언어로 설명할 수 없는 세계를 그냥 그 자체로 느낀다.
   그리하면, 한쪽 손의 소리는 지금 여기서 나고 있는 소리, 아니, 지금 여기 그 자체였다고 깨닫는다.

   음~~~~ 어떠한가?
   선문답의 대답을 언어로 표현하다니, 쉽지 않다.
   이상, 「선」에 대한 설명이었습니다.
   나의 마지막 설명이 좀 난해한 것 같아서 이 사람에게 마무리를 부탁하기로 하겠다.

「생각하지 마. 그냥 느껴.」
아자!!

절박한 상황일수록 「언어를 버려라」

마지막으로 내가 「선」으로부터 배운 것에 대해 이야기해 보겠다.

사실은 아이러니하게도 「선」에 대한 원고를 쓸 때 발생한 위기 상황을 이 「선」의 가르침으로 극복할 수 있었다.

나는 심리적으로 압박받는 상황에 놓일 때 유난히 약해진다.

무언가 일이 잘 안 풀릴 때면 곧장 「왜 난 맨날 이 모양이지.」라는 생각에 빠지곤 한다. 한번 그렇게 되면,

「나 자신」을 「넌 그러니까 안 돼.」라고 책망한다. → 바로 처리해야 할 일이 있는데도 손에 잡히지 않는다. → 「그거 봐. 넌 안 돼.」라며 더욱 「나 자신」을 책망한다.

라고 하는 부정의 스파이럴에 빠지고 만다.

「안 돼.」라고 하는 것은 단순히 픽션이며 「공」이라고 머리로는 이해해도 그만 이 부정적 사고의 늪에 빠져든다.

이럴 때는 어떻게 해서 부정의 스파이럴을 끊어내야 하는 걸까?

4장 선(禅) 언어로는 설명이 안 돼
달마의 철학

「선」을 알기 전, 회사원 시절에는 파워풀한 대처법을 사용했다.

즉, 「나 자신」이 「안 돼.」라는 픽션에 빠지고 말았을 때, 나는 「돼.」라는 반대의 픽션을 새로이 만들어냈다.

「성공했었던 과거」와 「성공할 거라고 예측하고 싶은 미래」를 연결한 「잘나가는 나」의 새로운 스토리로, 아무튼 「넌 안 돼.」라는 픽션을 지워 버리려고 했었다.

그렇게 마음속에서 벌어지는 내적 갈등으로 엄청난 정신적 피로감을 느꼈다. 결국 나는 일을 처리할 수가 없었고 괴로웠다.

그러나 선과 만나고 나서는 바뀌었다.

심플하게 「말을 버려라.」

이것으로 충분하다.

「나 자신」이 「못났다.」라고 생각하는 순간, 「아, 난 언어의 세계에 들어와 있구나.」

라고 인식하는 것만으로 전혀 느낌이 달랐다.

산보도 좋고 뭐든지 좋으니까, 어떻게 해서든 언어의 세계에서 빠져나오라.

「잘난 나」라고 하는 새로운 픽션은 필요치 않다. 오히려 독이다.

말을 버리면 신기하게도 아이디어가 떠올라 일이 어떻게든 해결된다.

이 원고가 완성되기까지

솔직히 말하자면 이 장의 선에 대한 해설에서 펜이 멈춰 더 이상 문장이 써지지 않았다.

마감일 이틀 전에 「젠장! 나도 모르겠다.」라고 체념하고 있었다.

그리고 늘 그랬던 것처럼 난 역시 「못난」 인간이다, 라는 부정적인 사고의 늪에 빠지기 일보 직전이었다.

한번 악순환에 빠져들게 들면 거기서 모든 것이 끝장이다. 마감일 이틀 전이란 말이다.

나는 선으로부터 배운 「안 돼.」라는 픽션의 세계에 빠져들지 않기 위해서 말을 버리고 그냥 우두커니 앉아 있기로 했다. 30분 정도 멍하니 있다가 불현듯 생각했다.

「그냥 백지 상태로 제출해 버리면 어떨까.」

4장 선(禅) 언어로는 설명이 안 돼
달마의 철학

이렇게 해서, 이 장의 백지 페이지가 탄생하게 되었다.

말 그대로 「백지」 상태로 원고를 제출했는데, 「생각 외로 괜찮은데요!」라는 반응이 나왔고, 그래서 어떻게든 모양새를 갖춘 모양이다…. 갖춘 거 맞나?

나와 「선」

책을 쓰는 행위를 하기 위해서는 철저히 언어의 세계로 빠져들 수밖에 없다.

라기보다는, 대부분의 데스크 워크가 언어의 세계에서 이루어진다고 할 수 있다.

이 책을 쓰기 시작해서 벌써 3년이라는 시간이 흘렀다. 고전을 거듭하고 있지만 그런 와중에도 비교적 글이 잘 써질 때의 패턴이 분명해졌다.

개인적으로 비용대비 효과가 좋은 최강의 「글쓰기」 방법,

그것은 글을 「쓰지 않는 것」 정말이다.

「빨리 써야지.」라고 마음먹고 이런저런 생각을 하다 보면 어느새 언어의 세계 속으로 빠져들고 만다.

언어의 세계에 잠겨 있으면, 머릿속에서 비슷비슷한 내용이 빙빙 돌기만 하고 혼돈된 상황에서 벗어나지 못한다.

일단 책상에 앉으려고 시도해서 앉아 있기는 하나 실제로는 아무것도 써지지 않는다.

마감일 직전, 초조한 마음이 들 때일수록 더더욱 쓰지 못했다.

휴~~~

아무 생각도 하지 않고 멍하니 있어 본다.

그런 상태로 가만히 있으면 피로가 쌓이지 않을뿐더러 불현듯 아이디어가 떠오르기도 한다.

마감날짜로 불안해진 마음에 이것저것 생각하는 것보다 결국 이 방법이 가장 효과적이었다.

「쓰지 않기」로 작정하고 나니, 3년간 정체되었던 원고가 조금씩 써지기 시작했다. 놀라웠다.

이렇게 해서 하루에 10시간 정도 멍하니 앉아 있기만 하는 백수가 탄생했다. 그리고 문득 생각했다.

어쩌면 이런 게 「좌선」이 아닐까?

아니야, 분명 전문가에게 꾸중을 들을 거다. (좌선 아닙니다. 죄송합니다.)

원래 나는 「좌선」이나 「명상」에 대해, 따분하고 지루해서

4장 선(禪) 언어로는 설명이 안 돼
달마의 철학

왜 하는지 모르겠다고 생각했었다. 철학적 지식만 이해하고 넘어가는 편이 훨씬 생산적이지 않냐고 말이다.

그러나 여러 가지 시행착오를 겪은 결과, 「아무것도 생각하지 않는 것」이 최강의 효과를 가져다주었다. 음… 무슨 말이 하고 싶었던 거지.

하지만 이런 사고를, 내가 「선」으로부터 배운 소중한 가르침이라고, 극히 주관적으로 해석해 봅니다!

저자 최근 사진

일본 편

5장

타력(他力)

무능할수록 구원받는다

신란의 철학

5장 타력(他力) 무능할수록 구원받는다
신란의 철학

지금까지 인도와 중국의 철학을 소개하였다.

다음에, 마지막으로 소개할 내용은 일본 편이다.

인도에서 시작한 불교의 철학은 일본에서 새롭고 급진적인 진화를 달성했다. 어느 정도로 급진적인 변화인가?

클래식 음악이 힙합으로 완전히 탈바꿈할 정도의 수준.

붓다도 깜짝 놀랄 만큼의 급진적인 진화다.

◆ ◆ ◆

「신란(親鸞)」을 소개한다.

그는 800년 전 헤이안 시대의 스님으로,

클래식 불교를 힙합으로 변모시킨 인물이다.

어떠한 의미인가?

불교에는 수많은「종파」가 존재한다.

「공」이라는 목적지에 도착하기 위해서는 여러 가지 교통수단을 이용할 수 있다.

이 교통수단의 차이를「종파」라고 생각하면 된다.

신란은 「정토진종(浄土真宗)」을 만들었다.
정토진종에서는 어떤 방법으로 「공」의 경지에 이르는가?
도보? 전철? 비행기?
사실, 그런 수준이 아니다.

「공」이 이쪽을 향해 다가온다.

정반대로 말이다.
설마, 그게 가능해?

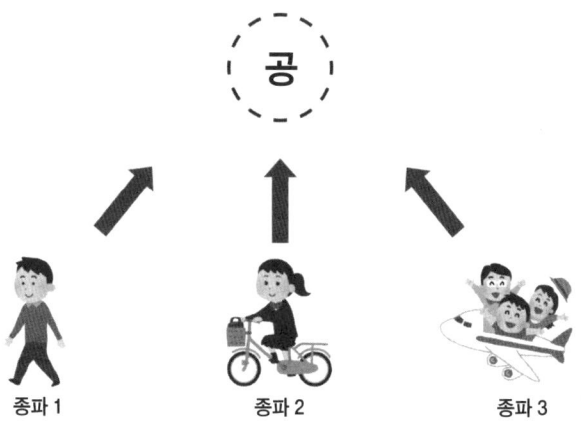

「종파」의 차이는 「교통수단」의 차이라고 생각하면 된다.

5장 타력(他力) 무능할수록 구원받는다
신란의 철학

신란의 철학은 아주 급진적이면서도 독특했다.

그리고 놀라울 만한 점은 그런 이단적인 정토진종이 일본에서 가장 대중적인 종파라고 하는 것이다.

아마 나의 본가의 부츠단(仏壇, 조상을 기리기 위해 만든 작은 제단)도 정토진종이다. (정확히 확인해 본적은 없음.)

제사를 지낼 때 「나무아미타불~」이라고 염불을 하면 아마도 정토진종이다.

불교계의 최고의 이단아로 지목받으면서도 가장 인기가 많은 신란은 도대체 어떠한 인물인가?

「공」이 이쪽을 향해 다가온다.

잇큐(一休)도 극찬한 신란의 철학

신란은 약 800년 전에 활약한 인물로 헤이안 시대와 가마쿠라 시대를 살았다.

권리상 초상화를 사용할 수가 없어서 일러스트화했다.

이것이(↓) 신란이다. 얼핏 보면 어떤 인상인가?

「소박한 동네 할아버지」

와 비슷한 느낌이다.

5장 타력(他力) 무능할수록 구원받는다
신란의 철학

지금까지 소개해 온 철학자들과 비교해 보면 일목요연하다.

신란에게는 초인적인 분위기가 느껴지지 않으며 오히려 서민적인 인상이다.

이 표정을 한번 봐 주시기를.

【비교】지금까지의 철인들

너무 시선을 피하시는 듯.

아마 사진촬영을 별로 안 좋아하는 타입일 거다.

그리고 **목둘레** 부분은 주의 깊게 체크할 필요가 있다.

후드 티를 겹쳐 입으신 건가?

이것은 당시의 방한용 의복이다.

보통 대부분의 스님들은 고달픈 수행을 자처하신다. 한겨울에 몸이 오싹오싹 떨리는 추운 법당에 홀로 앉아서 불경을 외우거나 명상을 한다. 고승의 입장에서 보면 추위 또한 「픽션」에 지나지 않는 것이다.

그러나 신란은 자연스럽게 「아이고, 추워라.」고 하며 목둘레를 감싸고 있다.

목도리가 사실 많이 따뜻하긴 하지.

이런 내용을 쓰는 나는 실은 꽤 긴장하고 있다. 신란에게는 팬들이 많기 때문이다. 이렇게 짓궂게 놀리다가 된통 꾸지람을 들을지도 모른다. 팬 여러분들, 정중히 사과드립니다.

5장 타력(他力) 무능할수록 구원받는다
신란의 철학

그런데 말이다. 신란의 매력의 본질은 이 「친근감」에서부터 나오는 것이다.

그것을 증명하기 위해서 시 한 구절을 소개하고자 한다.

「잇큐상」으로 잘 알려진 전설의 선 마스터「잇큐 소준」이 지은 시다.

> 「襟巻のあたたかそうな 黒坊主
> こやつが法は 天下一なり」
> 목도리가 따뜻해 보이는 검은 (가사의) 중
> 이놈의 설법이 천하제일

실제 잇큐상의 초상화. 이런 느낌이었군!?

어떠한가?

첫마디가,

뜬금없이「목도리가 따뜻해 보이네.」로 시작한다.

게다가「검은 중」에「이놈」이라고 부르다니.

완전 가지고 놀고 있다.

그러나 끝에는 이렇게 마무리한다.

「法は天下一なり」(가르침 하나는 최강이다.)

전반부의 무례함을 후반부에 와서 애써 극찬해 본들, 그 결례가 말끔히 무마될 수 있을지는 애매한 라인으로 보인다.

신란은 이렇게 역사적으로 놀림을 당하면서도 사랑을 받아 온 인물이다.

그럼,「천하제일」의 철학에 들어가기에 앞서 신란의 인생을 소개하겠다.

5장 타력(他力) 무능할수록 구원받는다
신란의 철학

지옥의 교토에서 태어난 엘리트

사실, 신란은 엘리트였다.

당시의 스님들은 사회 구조적으로 엘리트 계층이었다.

800년 전, 지금보다 음식이 귀한 시절, 스님들은 노동을 하지 않고도 철학과 학문에 전념할 수 있었다. 엘리트이기 때문에 가능한 일이었다.

게다가 천황도 불교를 밀어주고 있었기 때문에 상당한 권력을 쥐고 있었다.

신란은 그러한 불교계의 정점인 「히에이산(比叡山)」에서 기거했다.

그리고 9살 때 히에이산에서 가장 훌륭하신 스님의 제자가 된다.

지금식으로 말하자면, 학생 시절 골드만삭스 증권의 회장에게 전격 스카우트된 경력과 거의 흡사하다고 할 수 있겠다.

신란은 초엘리트계를 살았던 인물인 것이다. 전혀 그렇게 보이지 않지만 말이다.

◆ ◆ ◆

그런데 신란에게는 참을 수 없는 일이 있었다. **당시의 히에이산은 그야말로 부패의 온상이었다.**

원래 스님이란 불교의 교리를 적절히 사용해서 사람들의 마음을 평화롭게 해 주는 존재다.

그런데 히에이산은 정치권력과 완전히 밀착된 상태였고, 스님들 또한 돈과 직위를 둘러싼 분쟁과 다툼에 매몰된 상황이었다.

아무도 불교에 대해서 진지하게 생각하려 들지 않았고, 히에이산 밖의 상황은 지옥과도 같았으며, 대중들은 속수무책으로 고통스러워했다.

신란이 살았던 「헤이안시대 말기」의 교토는 일본의 역사상 가장 최악의 시대였다.

전쟁, 감염병, 대기근, 대지진, 대화재라는 모든 재앙이 발생했다.

이 세상에 존재하는 지옥의 풀코스인 셈이었다.

수많은 사람들이 하나둘씩 죽어 갔다.

지금은 연인들의 데이트 코스로 유명한 교토의 카모강에도, 당시에는 처리 불가능한 시체들이 산더미처럼 버려졌다.

5장 타력(他力) 무능할수록 구원받는다
신란의 철학

교토의 마을 전체가 시체들의 악취로 가득했었다고 한다.

아쿠타가와 류노스케의 소설 『라쇼몽』에는 시체의 머리를 잡아 뽑는 기이한 노파가 등장하는데, 바로 그 시대의 이야기인 것이다.

AI가 만들어 줌. 노파의 긴 머리, 너무 스타일리쉬한 걸.

신란은 고뇌한다.

말 그대로 지옥 같은 세상에서 수많은 대중들이 괴로워하고 있는데, 자신은 엘리트의 신분으로 산속에서 태평하게 살고 있으니 말이다.

불교가 존재하는 이유는 세상을 구원하기 위함이 아니었던가?

신란은 지극히 순수했기 때문에 이러한 모순을 도저히 참아 낼 수가 없었다.

신란은 결심한다. 히에이산을 떠나야겠다.

엘리트 코스를 던져 버리고 마을로 내려가 불교의 힘으로 대중을 구원할 테다.

신란이 29살 되던 해, 어느 봄날의 결심이었다.

「타력(他力)」의 철학에 도달하다

신란은 히에이산에서 20년간, 죽도록 공부하고 수행에만 몰두하는 생활을 꾸려 왔다. 자신이라면 사람들을 위해서 무언가 할 수 있는 일이 반드시 있을 거라고 생각했을 것이다.

그러나 현실은 그리 만만치 않았다.

한번 상상해 보시라.

5장 타력(他力) 무능할수록 구원받는다
신란의 철학

이 여인(↑)에게 「지금 이 세상은 「공」입니다.」, 「좌선을 추천합니다.」, 「백지에는 무엇이 쓰여 있다고 생각하시나요?」라고 말해 봐야 부질없는 짓일 것이다.

그런 거에 신경 쓸 여유가 있어 보이지 않는다.

솔직히 일반 서민들에게 당시의 불교는 너무나도 어려웠다.

대부분의 서민들에게 가장 먼저 필요한 것은 식량이었다. 좌선이니 명상이니 하는 것은 「고상한 지식인들」의 전유물로, 일반 대중들에게는 받아들여지기 힘든 상황이었다.

신란은 자신의 무력함에 절망한다.

「세상을 구원하기 위해서 무얼 어떻게 해야 하는가….」 끊임없이 고민한다.

그리고 절망의 끝에서 한줄기 희망의 빛 자락을 발견한다. 지금까지의 불교를 뒤집어엎을 만한 철학의 대전환에 도달하게 되는데, 그것이 바로 「타력」의 철학이다.

포기하라, 그러면 「공」이 찾아 올 것이다

이쯤에서 신란의 유명한 문장 하나를 소개하겠다.

(※ 이 장에서 인용하는 문장의 현대어 번역은 저의 주관적인 해석이 아주 짙은 의역입니다.)

> 善人なおもて往生をとく、いわんや悪人をや。
> 악인(悪人)일수록 구제받는다. 선인(善人)들마저도 구제받기 때문에.
>
> 『탄이초』 제3조

응!? 악한 인간들일수록 구제를 받는다고? 도대체 무슨 소리야? 바뀐 거 아냐?

여기서 다시 한번 불교에서 말하는 구원에 대해 요약해 보자.

구원의 형태도 종파에 따라 다르지만, 앞 장에서 말하는

5장 타력(他力) 무능할수록 구원받는다
신란의 철학

「선」에 대해 다시 한번 떠올려 보자.

「언어로 설명할 수 없는」 세계.

언어로는 설명할 수 없다.

이곳에 닿으면 모든 것이 환상이며, 모든 만물이 연결되어 있다는 것을 느낄 수 있다.

「이혼」이라든지 「백수」라든지 하는 것은 한낱 언어에 불과하며, 픽션이다.

고민하는 「자신」도 픽션이기 때문에 고통은 사라지고 마음이 완전 편한 상태가 된다. 대략 이런 내용이었다.

요컨대 「언어로 설명이 안 되는」 세계를 체험하면 되는 것이다.

　자, 그러면 어떻게 하면 「언어로 설명이 안 되는」 세계를 체험할 수 있는가?

　선의 경우, 「**시도 때도 없이 명상**」하는 것을 기본으로 한다. 즉, 「수행」이다.

　수단: 수행하다
　↓
　결과: 언어로 설명할 수 없다.

엄청 열심히 명상 중

5장 타력(他力) 무능할수록 구원받는다
신란의 철학

당연하다면 당연한 이야기일 수도 있겠지만,「수행」하는 것이 중요하다.

그러나 신란은 전혀 새로운 발견을 하게 된다.

「수행할수록 오히려 깨달음으로부터 멀어진다.」

수행을 전면적으로 부정하는 내용이지만, 여기에는 깊은 뜻이 있다.

신란은 히에이산에서 20년간, 그 누구보다도 엄격하고 성실히 수행에 전념했었다.

그럼에도 불구하고 끝끝내 깨달음에 이르지 못한다. 반대로,「수행하고 있는 자기 자신이 대단해 보이는 자만심」이 끓어올랐다.

다음은 신란의 말이다.

修善も雑毒なるゆゑに、虛仮の行とぞなづけたる。
— 어떠한 좋은 의도의 선도 사악한 독이 있음으로「거짓」행위일지어다.

『정상말화찬』

수행이 거짓이라니. 어떠한 의미인지 해석해 보겠다.

조금 전의 명상의 사진을 다시 한번 체크해 보자.

무료 이미지의 모델들에게는 미안하지만, 이 사람들의 얼굴을 한번 보시라.

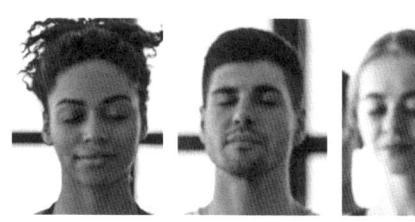

명상하고 있는 자기 자신에게 완전 심취된 상태다. (미안합니다.)

「깨닫고 말 테다~」

「깨닫고 말 테다~」

「깨닫고 말 테다~」

그러한 마음으로 수행을 하면, 오히려

「나」

「나」

「나」

에 푹 빠지고 만다.

「좋은 의도의 행동」으로 「공」을 추구하는 「나」라는 픽션에 빠

5장 타력(他力) 무능할수록 구원받는다
신란의 철학

져 들고 마는 것이다.

이것이 「유능한」 사람들의 함정이다.

이것이 함정이다

◆ ◆ ◆

그런데 반대로 말이다. 모두들 이런 경험은 없는가?

회사나 학교에서 말도 안 되는 큰 실수를 저질러 버린 어느 날. 금방이라도 울음을 터트릴 것 같은 얼굴로 집으로 향하는 길에 드리워진 저녁노을.

   무심코 바라다본 석양이 보통 때와는 다르게, 내 온몸을 따스하게 감싸 주었던 기억, 있지 않은가? (있으시죠?)

   바로 그 느낌이다!

   신란의 말에도 이런 구절이 있다.

> 無碍の光明は
> 無明の闇を破する恵日なり。
> ― 아무것도 막을 수 없는 부처님의 광명은,
> 현세의 어둠을 깨는 지혜의 태양이다.
>
>   『현정토진실교행증문류』

5장 타력(他力) 무능할수록 구원받는다
신란의 철학

　이러한 석양을 봤을 때, 전신에 스며드는 감각을 상기해 보길 바란다.

　나의「무능함」이 극에 달하고 석양이 온몸에 따스히 스며드는 순간,
　「나」라는 감각이 사라져 버린 것 같은 느낌이 들지 않던가?
　그도 그럴 것이, 불철주야 유능한 인간을 연기했지만 무능력한 인간임을 들키고 말았다.
　「나」라는 픽션이 사라진 것이다.
　이럴 때 어떠한 변화가 일어나는가?
　석양빛이, 이 세상 모든 것들과의 연결됨이, 텅 빈 내 안에 그대로 담기지 않던가?
　이런 것이 바로「**언어로는 설명할 수 없는**」경지가 아닐까?
　깨달을 수 있다고 믿고「자력」으로「공」을 향해 정진했을 때의 선과는 정반대다.

　깨달을 수 없음을 인정할 때,
　「공」이 이쪽을 향해 다가와 준다.

『나 자신』이 풍경과 일체화됨 = 언어로 설명할 수 없다.

말 그대도 역발상.

이것이 「타력」의 철학인 것이다.

신란, 정말 대단하다.

그냥 믿어라

「타력」은 불완전한 우리 인간들에게 있어 희망의 철학이다.

그도 그럴 것이 「나 자신」이 「무능」할수록 「공」이 바로 가까이에 존재한다고 하지 않는가.

유능한 인간이란, 바꿔 말하면 픽션세계의 챔피언이다.

5장 타력(他力) 무능할수록 구원받는다
신란의 철학

석양이 가슴속으로 스며들 리 없다.

자, 그러면 우리들은 구체적으로 무엇을 하면 좋을까?

신란의 대답은 아주 심플하다.

> 涅槃の真因は、ただ信心をもつてす。
> ― 언어로 설명할 수 없는 경지에 이르기 위해서는 그냥「믿으라」는 것.
>
> 『현정토진실교행증문류』

「그냥 믿어라」오지 그뿐이다.

우리들이 무언가를 고민하며 고통스러워할 때는 픽션 세계에 갇혀 있는 것이다.

사실「공」이라고 알고는 있으나 픽션의 세계에서 좀처럼 빠져나올 수가 없다.

자기의 힘으로는 도저히 어찌할 방법이 없는 것이다. 이미 늦어 버렸다.

그런 경우에는 구원을 받을 수 있다고 그냥 믿으면 된다.

구체적으로는「나무아미타불」이라고 외우며 손을 합장하기만 하면 되는 것뿐이다. 그것이「염불」이다.

의미 따윈 생각하지 않아도 된다.

> 念仏には、無義をもて義とす。
> ― 염불은 불필요한 것을 일체 하지 않는 것이 원칙이다.
> 『탄이초』제10조

「깨달음에 이르자」라든지, 「잡념을 버리자」라든지, 「나무아미타불이 무슨 뜻이지」 등과 같은 생각들은 일체 필요치 않다.

「깨달음」에 이르려는 의도로 염불을 하면, 그것은 「자력(自力)」의 수행이 되기 때문에 의미가 없어진다.

신란의 철학은 한 치의 양보함도 없이 철저하다.

아무 생각도 하지 말고, 아― 힘들다!라고 생각될 때, 자연스럽게 손이 모아지는 것처럼 합장하는 듯한 느낌. **어쩌면 염불을 하는 행위조차 「자력」으로 행하는 것이 아니다.**

모든 생명이 하나로 연결됨 속에서 자연스레 손이 모아진다.

의지를 가지고 손을 모으는 것이 아니라, 저절로 모아진다.

5장 **타력(他力)** 무능할수록 구원받는다
신란의 철학

그곳에 「나」는 사라지고 없다.
고통스러울 때는 「나」라는 픽션 세계에 빠져들고 만다.
그럴 때일수록 절대적으로 「타력」에 의지해야 한다.
그리고 단지 구원을 믿을 뿐이다.
그것만으로 충분하다.

신란의 선배 「호넨(法然)」의 약점

여기서부터 신란의 인생에 대한 이야기로 다시 돌아가자. 신란에게는 스승이 있었다.

사실, 타력의 철학은 신란의 스승 호넨(法然) 씨가 이미 그 토대를 만들어 놓았다.

그는 신란의 히에이산 시절의 선배이기도 하다.

신란은 호넨 선배를 무척 따랐다.

부패할 대로 부패해 버린 히에이산에서 호넨은 승려로서의 계율을 엄격히 지키며, 열심히 공부하고 수행하는 생활을 게을리하지 않았다.

히에이산에서도 주위 사람들로부터「지혜제일(知恵第一: 제일 머리가 좋은 사람)」이라는 호칭으로 불릴 정도였다.

호넨 선배 역시 타락할 대로 타락해 버린 히에이산을 단념하고, 고통받는 교토의 대중들을「타력」의 가르침으로 구제하고 있었다.

「무능한 인간일수록 구원받습니다.」

호넨 선배처럼 덕망이 높으신 스님께서 이같이 말씀해 주신다면 서민들의 마음이 얼마나 위안이 될까.

저명한 대학교수에게「많이 먹을수록 살이 빠집니다.」라는 말을 듣게 된다면 무지 기쁠 것 같다. 아마도 이와 비슷한 느낌.

5장 타력(他力) 무능할수록 구원받는다
신란의 철학

◆ ◆ ◆

그러나 호넨 선배에게는 한 가지 치명적인 약점이 있었다.
다시 한번 선배의 얼굴을 봐 주시기를 바란다.
호넨 선배는 「전혀 무능해 보이지 않는다.」
생김새도 행동도 성인(聖人)그 자체였다.
예를 들어, 그에게 이러한 말을 들었다고 하면 어떤 느낌이 들까?

「무능한 인간일수록 구원받습니다….」

산유국의 국왕에게 「돈이 인생의 전부는 아닙니다.」라는 말을 들었을 때의 왠지 착잡한 기분.

호넨의 「무능한 인간일수록 구원받습니다.」라는 말에는 설득력이 전혀 없었다.

그런 분위기 속에서, 히에이산의 후배 신란이 혜성과 같이 나타났다.

신란은 최고의 수재였다. 열정을 가지고 있었으며 「타력」의 가르침을 깊이 이해하고 있었다.

그리고 무엇보다,

대단히
서민적인 얼굴이었다.

5장 타력(他力) 무능할수록 구원받는다
신란의 철학

호넨 선배의 철학을 완성시켜 줄 마지막 남은 피스 한 조각, 그것이 신란이었다.

신란, 막 나가는 인간을 작정키로 하다

신란은 「덜 된 인간일수록 구원을 받는다.」는 사상을 철저히 **체현했다.**

철저한 정도가 아니고, 작정을 해도 보통 작정을 한 게 아니었다. 구체적으로 살펴보자.

먼저 자신의 무능함을 여지없이 인정하는 것부터 시작했다.

신란은 많은 문장을 남겼는데, 틈만 나면 자신의 못난 부분에 대해 끊임없이 써 나갔다. 그중의 일부를 발췌한다.

「内は愚にして外は賢なり」

→ (신란은)겉으로는 유능한 척하지만 실체는 무능한 인간.

『우독초』

「欲も多く、いかり、はらだち、そねみ、ねたむこころおおく」

→ (신란은)욕심이 많고, 성질이 고약하며, 엄청나게 질투심이 많다.

『일념다념증문』

「こころは蛇蠍のごとくなり」

→ (신란은)독사와 같은 사악한 마음을 가진 인간.

『정상말화찬』

「地獄は一定すみかぞかし」

→ (신란은)틀림없이 지옥으로 떨어질 인간.

『탄이초 제2조』

5장 타력(他力) 무능할수록 구원받는다
신란의 철학

> 「恥ずべし 傷むべし」
> → (신란은) 창피하고 딱한 인간.
>
> 『현정토진실교행증문류』

마치 멘털이 붕괴된 사람의 SNS를 보는 것 같다.

스님의 발언이라고는 믿어지지 않는 고백들.

그렇게 자기 자신을 되돌아보면서 그는 생각했다.

승려로서 사람들에게 존경받는 나는, 무능력하고는 완전 동떨어진 건 아닌가? 라고.

「덜 된 인간일수록 구원을 받는다.」라는 가르침과 「성실하게 승려 생활을 하고 있는」 막 나가지 못하는 자신의 상태에서 모순됨을 느낀다.

그런 것까지 신경 안 써도 돼, 라며 보통 사람들이라면 무시하고 넘어갈 일이다.

그러나 몹시도 정직한 신란이 내린 결론은 이러했다.

「아주 막 돼먹은 승려」가 돼 보는 거야.

어떠한 의미인가.

신란은 승려로서 절대로 어겨서는 안 되는 규율을 깨기

로 한다.

남자 승려는 「여성과 신체적인 접촉을 하면 안 된다.」라고 하는 규율이 있다. 이것을 지키지 못하는 것은 중죄에 해당한다.

신란은 이 규율을 깨고 말았다.

결혼을 「선언」한다.

결혼. 「여성과의 가벼운 신체적 접촉」뿐만이겠는가.

그 위로 10단계는 족히 건너뛰고도 남을 거다. 스님이 결혼을 선언한다는 행위는 막 나가는 것으로 끝나는 정도가 아닌 것이다.

지금식으로 말하자면, 아이돌 가수가 「나 지금 불륜 중이에요!」라고 당당하게 선언하고 연예계 활동을 하는 것과 크게 다를 바 없는 굉장한 사건이었다.

그러나 이러한 신란의 행동이 「무능한 인간일수록 구원을 받는다.」라고 하는 가르침을 믿고자 하는 사람들에게는 큰 힘이 되었을 것이다.

성욕을 이기지 못한 무력한 스님도 구원을 받는군. 그렇다면 「우리 같은 인간들도 희망이 있을지 몰라!!」라는 식으로 말이다.

장안의 화젯거리가 되고도 남을 일이었다.

신란의 뜻밖의 행동으로 「타력」의 가르침은 일반 대중 사이에서 **폭발적으로 전파되기 시작했다.**

신란, 체포된 후 개명을 하다

그러나 「타력」의 유행은 그리 길지 않았다.

왜냐하면 지나치게 혁신적이기 때문이었다.

성실하게 불교에 정진하고 있는 사람들 입장에서는 「괴상망측한 신흥 종교가 나타났다.」라는 돌발적인 상황에 지나지 않았을 것이다.

결국, 최고의 권력자인 고토바상황(後鳥羽上皇)과 큰 절의 화를 산 **호넨과 신란 일당은 체포되었다.** 그리고 그중 4명은 사형선고를 받게 된다. 아이쿠~

어찌 된 영문인지 호넨 선배와 신란은 기적적으로 죽음의 위기에서 빠져나올 수 있었지만, 교토에서는 추방을 당한다.

호넨 선배는 고치, 그리고 신란은 니이가타로 「유배」를 떠나게 된다.

동시에 「승려」의 자격마저 박탈당하고 만다.

이름도 일반인과 같은 뉘앙스로 변경되었다. 두 사람의 이름은 다음과 같다.

호넨 → 후지이 모토히코

신란 → 후지이 요시자네

5장 타력(他力) 무능할수록 구원받는다
신란의 철학

후지이 모토히코(藤井元彦、元・法然)
후지이 요시자네(藤井善信、元・親鸞)

800년 전의 일본정부의 네이밍 센스, 믿기 어려울 정도로 꽤나 현대적이다.

호넨의 경우는 **만화 코난에 등장해도 별로 이상하지 않을 듯한 이름**이다.

그러나 아우라는 전혀 느껴지지 않는다.

두 사람은 지극히 평범한 일반인으로 세팅되고 말았다. 어찌 됐건 이 둘은 멀리 떨어져 살면서 두 번 다시 서로 만나지 못했다고 한다. 아이구, 슬퍼라.

신란, 각성하다

그러나 신란은 역경에 부딪치면 부딪칠수록 빛을 발했다.
「극도로 막 나가는 승려」였던 신란이었지만, 이제는 「승려」의 신분도 아니다.

게다가「범죄자」취급까지 당하고 있었다.

신란은 생각했다.

「나는 단지 멍청한 대머리에 불과하다……!」

신란은 스스로를「구토쿠(愚禿)」=「멍청한 대머리」라고 칭하며, 극도로 무능한 인간의 모습을 체현하는 일을 성공적으로 해낸다.

유배지의 생활이 신란을 최종적으로 각성시킨 셈이다.

「구토쿠 신란」 궁극적으로 덜 된 인간.

사회적으로 가치 없는 존재.

유배지 니이가타의 앞바다에서 바라다본 석양의 아름다

5장 타력(他力) 무능할수록 구원받는다
신란의 철학

움이 그의 온몸에 스며들었을 것이다.

그렇게 「무」를 절실히 인정한 순간 「무한」의 경지가 열리게 된다.

「말로 다 설명할 수 없는 세계」, 있는 그대로의 상태.

신란은 체포된 후, 모든 것을 잃음으로 해서, 「무능한 인간일수록 구원을 받는다」를 완벽하게 체현해 낸 존재로 거듭났다.

철학으로서의 「타력」의 완성이었다. 「타력」, 상상을 뛰어넘는 철학이다.

철썩….(파도 소리)

5장 타력(他力) 무능할수록 구원받는다
신란의 철학

깨달음의 입구가 확장되다

신란이 온몸으로 체현한「타력」의 가르침은 불교계의 혁명을 일으킨다.

「거의 깨달음에 도달한」일반인을 대량으로 생산한 것이다.

깨달음 업계에서는 그러한 일반인을 **묘호인(妙好人)**이라고 한다. 이는 새로운 장르다.

그때까지만 하더라도 깨달음에 도달한 사람이란 거의 대부분이「비범한」인물들이었다.

「달마대사」라든지. 이름부터가 예사롭지 않다.

그러나 묘호인은 다르다.

현대에도 존재하는 지극히 평범한 일반인들이다.

『묘호인을 이야기하다』(NHK出版)라는 책에 기록된 사람들을 살펴보면,

이시카와 현의「아즈마 상」

후쿠이 현의「다케베 상」

오사카 후의「에모토 상」

의 이름들이 올라와 있다. 리얼 일반인들이다.

그들은 이 책에서 소개한 유명인들처럼 드라마틱한 스토리를 가지고 있지 않다. 그러나 분명, 「언어로 설명이 안 되는」 경지에 이르고 있다.

오사카의 「에모토 상」이 취미로 쓴 시를 인용한다.

> 私は梅
> あなたは桃
> 花のいのちは
> どこかで一つに融け合うている
> 融け合いながら
> 私は梅に咲き
> あなたは桃に咲く
>
> 나는 매실 꽃,
> 당신은 복숭아 꽃.
> 꽃의 생명력이
> 어디에선가 만나 하나로 어우러진다.
> 나는 당신이 되고,
> 당신은 내가 되어
> 나는 매실로 피고,
> 당신은 복숭아로 핀다.
>
> 「꽃」, 『묘호인을 야기하다』 제6조

5장 타력(他力) 무능할수록 구원받는다
신란의 철학

잘 모르겠지만 틀림없이 꽤 높은 경지에 계신 것 같다.

나는 매실 꽃, 당신은 복숭아 꽃.

언어를 뛰어넘어 모든 생명력의 하나 됨을 느끼는 경지에 도달했음이 느껴지는 시다.

후쿠이 현의 「**다케베 상**」도 시를 쓰는 것이 취미이며, 그가 쓴 작품이 남아 있다.

> 愚 愚 愚
> わが身の愚をわが身が知る
> ああ ありがたいこと ありがたいこと
>
> 어리석고 어리석고 또 어리석도다.
> 나의 어리석음을 나 스스로가 안다는 것.
> 아, 감사하도다. 그리고 또 감사하도다.
>
> 「어리석음」, 『묘호인을 야기하다』 제6조

놀라운 시다.

신란 그 자체다.

800년의 시간을 건너뛰어 현대에도 신란이 살아 숨 쉬고 있는 것만 같다.

깨달음 업계의 일반인인 묘호인들. 그들 또한 욕망을 완전히 극복한 상태는 아니다.

우리들과 같이 욕망 덩어리로 살지만 「공」의 경지에 닿아 있다.

우리들의 주변 곳곳에 묘호인들이 존재한다. 어쩌면 스님들보다 깨달음의 경지에 다가가 있는 일반인들이 훨씬 더 많을지 모른다.

신란. 그는 체포된 후, 모든 것을 잃었지만, 그가 남긴 유산은 말할 수 없이 위대했다.

나와 「타력」

지금부터는 「타력」의 철학이 내 인생을 어떻게 바꾸어 놓았는가에 대해 써 보려고 한다. **그야말로 나는 바로 지금, 「타력」의 힘을 느끼면서 이 문장을 쓰고 있다.**

3월 1일 오전 3시9분.

지금 나는, 15시간 이내에 5장을 제출하지 않으면 목숨이 무사하지 못한 상황에서 이 문장을 쓰고 있는 중이다.

5장 타력(他力) 무능할수록 구원받는다
신란의 철학

    다음 달이 출간 예정으로, 이미 아마존에서는 예약판매가 시작되었다고 하는데, 아직도 원고가 완성되지 못했다.
    솔직히 말해 「타력」이 뭔지, 「나 자신」조차도 도통 그 뜻을 모르겠다.
    알지도 못하면서 「타력」이 내 인생을 어떻게 바꾸어 놓았는지에 대해 어떻게 쓸 수 있단 말인가.
    오늘 하루 내내 오타니가 결혼했다는 뉴스만 줄기차게 시청 중이다.
    동양철학에 대해 잘 아는 척하며 여기까지 써 왔지만, 솔직히 아무것도 모르겠다.
    그냥 아는 척했을 뿐이다.
    「이렇게 쓰면 독자들에게 먹히겠지?」
    「이런 걸 써서 나를 재수 없다고 생각하면 어쩌지.」
    라는 자기 인정욕구에 가득 차 있었다.
    동양철학에 대해 쓰고 있지만, 인정욕구로부터 전혀 자유롭지 못했다.
    그런 내가 지금껏 동양철학에 대해 지껄여 댄 것이 거짓말처럼 느껴진다.

젠장, 이건 아니지. 난 이제 끝장났어.

출판 불가라구.

자신이 거짓말쟁이라는 걸 인정할 수밖에 없었다.
그 순간, 갑자기 시야가 짠하고 넓게 펼쳐지기 시작했다.

「아 그래, 내가 거짓말쟁이라고 솔직히 써 보는 거야.」

이 문장이 그때 쓴 문장이다. 어떻게든 되기 마련인가 보다. 거 참, 신기하네.
나도 모르게 저절로 합장을 했다.

「**무능한 인간일수록 구원을 받는다.**」라고 하는 가르침. 원래의 문장은 다음과 같다.

> 善人はおもて往生をとぐ、いわんや悪人をや。
> 선인조차도 왕생을 이루거늘, 하물며 악인이야.
>
> 『탄이초』 제3조

5장 타력(他力) 무능할수록 구원받는다
신란의 철학

「무능한 인간」은 이해하기 쉽게 설명하기 위해 쓴 나의 의역이고, 신란은 「**악인**」이라는 단어를 사용했다.

지금 와서 생각해 보니, 「악인」을 「거짓말쟁이」라고 해석했어도 재미있었을 것 같다.

악인을 「**거짓말쟁이**」

선인을 「**정직한 사람**」

이라고 해 보자.

불교 철학의 전제에 대해 다시 상기해 보면, 애당초 우리들은 언어가 만든 픽션 세계에 살고 있다.

픽션이라고 하는 건, 아주 심플하게 말하면, 「거짓말」이다.

우리는 절대 거짓말을 하지 않고 살아갈 수 없다.

라고 정의한다면 재미있는 역설이 생겨난다.

자신을 「정직한 사람」이라고 생각하는 사람은

모두 「거짓말쟁이」이고,

자신을 「거짓말쟁이」라고 생각하는 사람은

모두 「정직한 사람」이다.

라는 이야기가 된다(!)

자신을 「거짓말쟁이」라고 인정할 수 있을 때, 비로소 처음으로「정직한 사람」이 될 수 있다.

신란의 철학을「안다」는 설정으로 책을 쓸 때는 쓸 수가 없었는데,「모른다」라고 인정한 순간, 신란이 말하려고 했던 것이 조금은 이해되는 것 같았다.

신기한 일이다. 어찌 되었건 일단 원고는 모양새를 갖추었다.

동양철학, 신기하고도 재미있다….

◆ ◆ ◆

지금까지 나의 과거를 뒤돌아 보면「나는 완전히 끝났다.」고 생각할 때마다 이상하게 마음이 편해졌다.

회사원으로 취직했으나 너무 일을 못하고 무능력해서, 내 인생은「끝났다.」

지방으로 이주했으나 다양한 개성의 인간관계에 능숙하게 대처하지 못해, 내 인생은「끝났다.」

개그맨이 됐는데 너무 못 웃겨서, 내 인생은「끝났다.」

백수가 되고 이혼을 해서 심플하게, 내 인생은「끝났다.」

도대체 인생을 몇 번 끝낸 거냐고.

5장 타력(他力) 무능할수록 구원받는다
신란의 철학

그 당시의 「나 자신」을 생각해 보면 지금의 나는 「사후의 세계」를 살고 있는 셈이다.

나는 완전히 「끝났다.」라고 말했지만 실제로의 죽음을 의미한 건 아니다.

사회적인 「죽음」, 즉 인간관계의 「고립」을 두려워했던 것이다.

그러나 이 세계는 인간만이 존재하는 것은 아니다.

오히려 인간관계가 소멸된 후, 처음으로 석양, 바다, 풀 등의 「세상 모든 만물들」과 내가 연결되어 있음이 느껴졌다.

길가의 가로수를 보고, 「안녕, 우리 서로 열심히 살아 보자.」라는 생각이 들기도 했다.

평소 같으면 시야에 들어오지 않았을 텐데 말이다.

재미있는 건, 사회적인 죽음인 「텅 빈」 나 자신으로 돌아와 이 세계와 다시 연결되자, 인간관계도 자연스럽게 풀리기 시작했다.

「텅 빈」 내가 되고 나서 이 책을 써 달라는 의뢰가 들어왔다.

예전부터 책을 한번 써 보고 싶었다.

회사원으로 열심히 살다가 창업해서 성공하면 멋지게 책을 써야지, 라고 말이다.

하지만 그 반대였다.

회사원이 된 후, 회사에는 폐만 끼치고, 그 이후에도 하는 일마다 모두 잘 안 풀렸는데, 이렇게 책을 쓰게 되었다.

지금과 같은 미래를 과거의 「나 자신」이 알았더라면 놀라 기절할지도 모른다.

「무능한 인간일수록 구원을 받는다.」

진심으로 신기한 철학이다. 나무아미타불!

진심으로 감사합니다!!!

일본 편

6장

밀교

욕망은 나쁜 게 아니야

구카이의 철학

6장 밀교 욕망은 나쁜 게 아니야
구카이의 철학

이제 드디어 마지막 장이다.

이 장에서는 라스트에 어울리는 철학, 「**밀교**」를 소개하겠다.

밀교란 「**비밀불교**」의 약어로, 이름부터가 왠지 수상하다.

불교는 여러 시대를 거치면서 진화해 왔는데, 「밀교」는 그것의 최종적인 형태다.

지금까지 소개해 온 불교철학에서는 「현실세계」를 「픽션」이라고 하여 부정했지만, 밀교에서는 **한 바퀴 돌아서 지금의 「현실세계」를 고스란히 긍정해 버린다**.

이 장에서는 그런 밀교의 철학을 정립한 인물, 「**구카이**」에 대해서 소개하겠다.

구카이. 불교의 승려이며 일본사람이다.

앞 장에서 소개한 신란보다 약 400년 전의 사람이다.

보통, 신란 다음에 구카이에 대해 소개하는 일은 흔치 않다.

그러나 구카이가 전한 「밀교」가 불교의 최종형태로, 말하자면 **궁극적인 철학**이므로 일부러 마지막 장에 가져왔다.

리얼 몸짱 구카이

먼저 비주얼부터 체크해 보자. (초상화를 사용할 수 없어서 일러스트화해 보았다.)

구카이는 이런 느낌의 사람(↓)이다. 온화해 보이면서도 어딘가 품격 있어 보인다.

그러나 내 시선을 빼앗아
버리는 것은 바로 이것.
예사스럽지 않게 굵은 목이다.

여기

6장 밀교 욕망은 나쁜 게 아니야
구카이의 철학

나에게는 유도 전국대회에 출전한 적이 있는 친구가 한 명 있는데, 그 친구보다 구카이의 목이 더 두껍다. 어깨 폭도 상당히 넓은 것이 거의 피지컬 몬스터급이다.

더욱이 주목을 끄는 것은 황금빛으로 빛나는 아이템.

손목의 유연성 역시 신경이 쓰이는 대목이지만 말이다. 이 아이템은 오고저라고 하는 **무기**다.

무기라고는 하지만 누군가에게 물리적인 힘을 가하기 위해 사용하는 것은 아니다.

사람들의 마음에 항시 생겨나는 「마(魔)」를 쳐부수기 위한 것이다.

바꾸어 말하면, **운동선수 수준의 체구를 가진 사람이 손에 무기까지 들고 있는 모양새다.**

완전 무시무시한 광경이다.

만능적인 천재 구카이

구카이는 어떠한 인물이었는가? 한마디로 말해 **「천재」**였다.

일본사람으로는 처음으로 노벨상을 수상한 천재 물리학자 유가와 히데키 씨(湯川秀樹)가 가장 먼저 천재라고 이름을 거명한 인물이 구카이다. 그의 말을 인용하겠다.

> 「긴 일본의 역사 속에서, 구카이라는 인물은 비교될 만한 사람이 없을 정도로 만능적인 천재였다고 생각합니다.」
> 「세계적으로 보더라도, 아리스토텔레스나 레오나르도 다빈치와 같은 사람들과 비교해 봐도, 구카이의 지식이 오히려 폭넓었다고 생각합니다.」
>
> 유가와 히데키, 『천재의 세계』

상당한 극찬이다.
「만능적인 천재」라는 것은 어떤 의미인가?

먼저, 구카이는 무진장 머리가 좋았다.

좀 믿기지 않는 에피소드가 있다.
구카이는 당시 세계에서 가장 번영했던 당나라에 유학

6장 밀교 욕망은 나쁜 게 아니야
구카이의 철학

중이었다.

최첨단 불교인 밀교를, 그때 당시 제일 유명한 절 청룡사에서 배웠다.

그곳에서 구카이는 겨우 3개월만에 밀교를 마스터해 버린다.

게다가 청룡사의 넘버원에게 「밀교」의 정식 후계자로서 지명을 받게 된다.

상상해 보시길 바란다. 청룡사는 거대하게 큰 절이고, 수백 명의 엘리트 승려들이 몇십 년 동안 수행을 해 왔다.

그 속에서 「일본」이라고 하는 잘 알려지지도 않은 나라의 유학생이 겨우 3개월의 수행으로 후계자로 지명을 받은 것이다. 말이 되는 상황인가?

비유를 하자면, 일본최강의 유도 도장에 마다가스카르에서 온 사람이 단지 3개월 만에 모든 기술을 습득하고 차기 넘버원으로 뽑히는 것과 같은 이야기다.

도대체 얼마나 대단했던 거야.

더욱이 구카이는 「밀교」를 수동적으로만 습득한 것이 아니다.

방대한 가르침을 하나의 커다란 이론으로 정리해서 오리

지닐 한 철학으로 새롭게 재탄생시켰다. 말 그대로 천재였다.

머리가 좋았던 것뿐만 아니라, 예술적인 천재이기도 했다.
일본역사에서 최고의 서도가는 구카이다.
이것(↓)은『풍신첩(風信帖)』이라고 불리는 걸작이다.
자세히 관찰해 보시길 바란다.
놀랍게도 글자 하나하나의 붓놀림과 크기가 다 다르다.

구카이 작『풍신첩』

6장 밀교 욕망은 나쁜 게 아니야
구카이의 철학

음악에 비유하자면 한 곡 안에 「클래식」, 「힙합」, 「재즈」, 「트로트」의 장르를 다 넣었는데, 그것들이 모두 일류급이면서 절묘하게 조화를 이루고 있는 듯한 느낌.

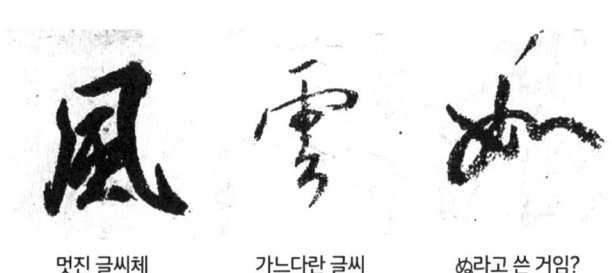

멋진 글씨체   가느다란 글씨   ㅆ라고 쓴 거임?

미친 작품이다.

뿐만 아니라 사업가로서의 수완도 빼어났다.

구카이의 고향 가가와(사누키 우동으로 유명한 현)는 옛날부터 물부족이 일어나기 쉬운 토지로 물을 저장해 놓을 댐이 필요했다.

그들은 물이 없으면 「우동」을 만들 수가 없다.

구카이는 「만농지(満濃池)」에 댐을 설계한 후 가가와 현민을 총동원해서 완성시킨다.

그 당시 물의 힘을 분산시키기 위해 아치형의 제방을 만들었는데, 그것이 1,200년 전의 구카이의 아이디어였으며,

그 댐은 지금도 사용되고 있다고 한다.

구카이는 말 그대로 **만능적인 천재**였던 것이다.

인싸 구카이

「천재」는 구카이를 논할 때 누구나가 사용하는 단어다.

하지만 나는 또 다른 중요한 키워드 하나로 구카이를 표현하고 싶다.

구카이는 보통의 천재들과 달리, 타고난 인싸다. 이와 관련해서 21세기 일본의 학교에서 사용되는 단어를 잠시 살펴보겠다.

요캬/인캬는 21세기의 일본의 학교에서 사용되는 유행어다.

사람들에게 주목을 받는 타입을「요캬(陽キャ) = 인싸(Insider의 줄임말)」, 눈에 잘 안 띄는 타입을「인캬(陰キャ) = 아싸(Outsider의 줄임말)」라고 부른다.

양과 음, 각각에 캬라쿠타(캐릭터)의 캬를 붙인 호칭이다.

6장

밀교 욕망은 나쁜 게 아니야
구카이의 철학

아싸　　　　　　　　인싸

처음으로 이 말을 들었을 때, 「일본 문화의 근간을 이루는 것은 역시, 절대적으로 동양철학이다.」라고 감동했었다.

미국에 수출한다고 해도 틀림없이 유행할 호칭이다.

물론 나는 「아싸」에 해당한다.

「인싸」를 부러워하면서도 내심 적개심을 품고 있었다.

자, 이번에는 다시 구카이의 이야기로 돌아가 보자.

구카이는 「천재」이면서 동시에 「인싸」다. 이는 확률적으로 대단히 드문 경우다.

다음의 그래프(↓)는 나의 100퍼센트 편견을 그래프화한 것이다.

이끌어 낼 수 있는 결론은 천재들은 거의 대부분이 「아싸」라고 하는 것이다.

주위에서 천재라고 불리는 사람들을 떠올려 보길 바란

천재의 음과 양의 비교

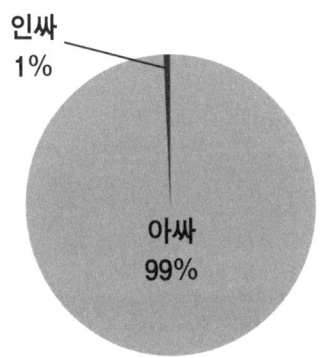

다. 아마 「인싸」는 전무할 것이다.

전적으로 나의 편견이긴 하지만, 인싸는 밝고 명랑해서 특별히 무언가를 열심히 하지 않아도 주위에 친구들이 많고, 그래서 만족스럽게 생활할 수 있다.

한편, 아싸는 「왜 나는 친구들을 사귀지 못하는가.」에 대해 늘 고민하며 노력한다. 그렇게 해서 자신의 안식처를 서서히 만들어 간다.

그러한 절실한 노력이 「천재」로서 꽃을 피우게 하는 원동력이 된다.

그런데 말이다.

6장 밀교 욕망은 나쁜 게 아니야
구카이의 철학

구카이는 「인싸」이면서 「천재」였다. 세상이 꼭 공평한 것만은 아니다.

이는 안 그래도 힘이 센 「도깨비에게 쇠방망이」를 쥐어 준 정도가 아니라, **「도깨비에게 이지스함」**을 제공해 준 격이다.

동양철학을 공부하는 사람의 「약점」

구카이는 아주 보기 드문 존재다.
예를 들어 설명해 보자.
어느 한 학교의 교실을 한번 떠올려 보자.
지금까지 소개했었던 철학자들은 어떠한 포지션이었던가?

붓다
왕자 시절의 붓다라면 교실의 한쪽 구석에서 창밖을 멍하니 바라다보고 있을 타입.

용수
반 친구들은 말할 것도 없고 선생님들까지 모조리 논파해 버리는 아주 성가신 타입.

노자

처음부터 교실에 앉아 있지 않는다. 교정의 풀과 동화되어 있다.

장자

한 번도 학교에 등교한 적이 없다.

달마대사

거의 실어증. 한없이 교실 뒷벽만을 바라다보며 앉아 있다.

신란

시험에서 매번 백지 답안을 제출하여 퇴학당한다.

이처럼 누구 하나 「인싸」는 없다.

일반적으로 사교적인 사람이라면 애당초 동양철학을 공부할 필요성을 느끼지 못할 것이다.

그러나 **구카이**는 한 반의 핵심멤버로 친구들에게 인기가 많았을 것이라 예상되는 인물이다.

지나치게 좋은 사회성의 소유자. 동양철학에서는 상당

6장 밀교 욕망은 나쁜 게 아니야
구카이의 철학

히 드문 경우다.

동양철학은 어떤 의미에서의 「약점」을 내포하고 있다.
이 세계의 픽션적인 측면을 간파한 나머지 무직자로 살아가기 쉽다는 점이다.

구카이는 그 「약점」을 극복하고 있다.

동양철학에 정진하면서도 댐등을 만들었고, 정치에도 관여했다. **지극히 사회적인 활동가였다.**

구카이의 대단한 점은 막장 정치의 한가운데에 있으면서도 누구와도 싸우지 않고 끝까지 불교의 정신으로 살았다는 점이다.

각종 요물들이 판을 치는 정치의 세계에 몸을 담고 있으면서, 「공」을 체현한다.

어떻게 그러한 일이 가능한 것일까?

그 비밀은 바로 구카이가 전파한 「밀교」의 철학 안에 있었다.

밀교는 「사회」에 대해서 전적으로 긍정적인 입장을 취한다.

다시 말해, **탈·무직의 철학**이다.

초 긍정적인 「밀교」

「밀교」란 무엇인가?

「비밀불교」의 약어다.

「비밀」이란 무엇인가? 나는 「생명의 신비」라고 해석하고 있다.

불교는 장례식 등의 죽음의 이미지가 강하다.

그러나 밀교는 한 바퀴 돌아서 「생명」을 전적으로 긍정하는 철학이다.

◆ ◆ ◆

뜬금없지만 다음의 이미지 사진을 한번 봐 주시길 바란다.

코털이다.

내 코털을 뽑아서 사진을 찍어 봤는데 역겨워서 유료의 이미지를 구입했다.

6장 밀교 욕망은 나쁜 게 아니야
구카이의 철학

코털을 보면서 다음과 같은 생각을 한 적은 없었는가?

「세상에…. 이런게 내 몸 안에서 자라고 있었다니.」라고.

코털은 두껍다.

이렇게 진한 털이 「무」에서부터 대량으로 생산되다니.

털 뿌리의 통통한 부분은 쉽게 빠지지도 않고, 털을 뽑았을 때 아픔을 못 참을 정도로 타이트하지도 않을 만큼의 절묘한 밸런스를 이루고 있다.

코털은 「생명의 신비」 그 자체다. 코털뿐만이 아니라 귓속의 털도 손가락의 털도 모두 그러하다.

모든 것이 신비로움 그 자체다.

코털의 길이를 재 보고, 코털이 새로 자라나는 사이클 주기를 알아도, 우리들은 「코털」의 신비로움에 대해서는 아무엇도 알지 못한다. 그것들은 우리들의 사고영역을 월등히 뛰어넘어 존재한다.

   이것을 불교에서는 「불가사의」라고 한다. 신기하다는 뜻이다.

   자신의 어린 시절을 떠올려 보길 바란다.

   이 세계는 지금 보다 훨씬 더 「신기」하고 눈부신 일들로 가득했을 것이다.

   그러나 어른이 되면 세상은 온갖 픽션의 구름으로 둘러싸이게 된다.

「신비함」을 잃어버린 세계다.

매일 같은 집에서 나온다.
매일 같은 길을 걷는다.
매일 같은 회사에 나간다.
매일 같은 사람과 만나서 이야기한다.

   그러나 「매일 같은 것」이라고 받아들이는 사실 자체가 픽션이다. 이 세상 모든 것이 매 순간마다 변화해 가는 과정 속에 있는 「신비로움」그 자체다.

6장 밀교 욕망은 나쁜 게 아니야
구카이의 철학

당신이 일상의 「따분함」을 느낄 때도 당신의 코털은 「신비로운 생명력」을 대방출하고 있는 중이다.

코털뿐만이 아니다. 주변의 모든 것들. 책상이, 방바닥이, 하늘이, 우리들의 픽션 세계의 밖에서 **「생명의 비밀」**을 흘려 내보내고 있는 중인 것이다.

단지 우리들이 느끼지 못하고 있을 뿐이다.

보통의 사람들은 망상에 의해서 깨달음의 세계를 스스로 덮어 버리고 있다.

『변현밀2교론』 제2장 제4절

「나」와 「세상」에 대한 픽션으로부터 빠져나와 생명의 신비로움과 하나가 되자, 라고 말하는 것이 밀교의 정신이다.

「밀교」의 「공」

밀교는 「선」과 비교하면 재미있다.
선과 밀교는 같은 불교지만 바라보는 곳이 정반대다.
선은 「죽음」, 밀교는 「생」에 초점을 맞춘다.

예를 들면 다음의 질문에 어떻게 대답할 것인가?
「진정한 나」란 무엇인가?

선의 답은 이것(→)이다.
그런 것 따위는 존재하지 않는다. 텅 빈 껍데기뿐이다.
붓으로 한 바퀴 돌아 ○을 그리는 것을 「원상(円相)」이라고 한다.

아무것도 없다.

6장 밀교 욕망은 나쁜 게 아니야
구카이의 철학

 선의 스님들에게 「아무 그림이나 한 장만 그려 주세요!」라고 부탁하면 이 원상을 그려 줄 확률이 높다.

 한편, 밀교는 어떠한가?
「진정한 나」란 무엇인가?
 그에 답은 이것(↓)이다. 짠!

이게 뭐야!! 부처님투성이잖아!!!
「만다라」라고 불리는 것이다.

「만다라」는 「본연의 당신」을 표현한 것이다.
라는 말을 들으면 어떤 생각이 드는가?
「어디가 나야?」
라고 말할 수밖에 없을 것 같다.

선의 ○이 「진정한 당신의 본모습입니다.」라고 한다면 무언가 깊은 뜻이 담겨 있나 보다… 라고 생각할 수 있겠다.
그러나 만다라의 경우는 뭔가 예사스럽지 않은 분위기이긴 한데, 도대체 이게 무슨 뜻인지 감이 오지 않을 것이다.
실은 만다라야말로 「생명의 비밀」을 이미지화해서 그려낸 것이다!

다시 한번 선과 밀교를 비교해 보자.
둘 다 「나의 본질」을 표현한 것인데,
놀라울 만큼 대조적이며, 얼핏 보면 정반대처럼 보인다.

6장 밀교 욕망은 나쁜 게 아니야
구카이의 철학

밀교

선

그러나 이쪽이 정답이고 저쪽이 틀렸다는 이야기는 아니다.

선과 밀교는 모든 만물이 「공」, 픽션이라고 하는 철학적 사유를 공유한다.

단지 밀교는 **「공」의 한층 더 「깊은 곳」을 보려고 한다**. 그것이 「생명의 비밀」인 것이다.

구카이는 만다라의 세계를 다음과 같은 문장으로 표현하고 있다.

> 비밀 중의 비밀,
> 그것이 깨달음 중의 깨달음이다.
>
> 『비장보론』 상권 서문

어찌 됐건, 뭔가 대단한 세계라는 것이 느껴진다.
그럼 먼저, 만다라의 내용을 살펴보자.

만다라에 그려져 있는 것들

만다라에도 종류가 있다. 조금 전에 소개한 것은 「태장만다라」라고 한다.

첫 글자가 태반의 「태」다.

어머니의 태반을 이미지로 그려낸 것이다.

먼저, 가장 중심을 살펴보자.

6장 밀교 욕망은 나쁜 게 아니야
구카이의 철학

「대일여래」라고 불리는 붓다가 보인다.

이분은 꽃잎 위에 앉아 있는 8명의 붓다처럼 보이는 사람들에게 둘러싸여 있다.

이는 가히 붓다 안의 붓다, 말하자면 슈퍼 붓다라고 할 수 있겠다. 뭔가 힙합의 리듬처럼 들린다.

독자들 입장에서는 갑자기 생소한 캐릭터가 등장하여 어리둥절할 것이다.

그럼, 설명해 보겠다.

제1장에서 등장한 인간 붓다를 떠올려 보시길 바란다.

붓다는 깨달음에 도달했다.

그 깨달음의 세계란 「모든 만물은 연결되어 있다.」고 하는 것이다.

붓다는 인간이지만, 「모든 것들과 연결된 상태」에 이르렀다. 그 상태에서는 이미 「자아」에 대한 의식조차 없다.

거기까지 도달하면, 그를 과연 「인간」이라고 할 수 있을는지 의심스럽기는 하다.

모든 것이 연결되어 있는 우주 그 자체가 된 상태.

6장 밀교 욕망은 나쁜 게 아니야
구카이의 철학

「대일여래」란 바로 이 「붓다의 궁극의 깨달음의 상태」인 것이다.

즉, 「모든 만물과 연결되어 있는 상태」의 세계다.

이를 언어로 설명하는 것은 불가능하다.

그렇기 때문에 대일여래라고 하는 「**상징**」으로 표현한 것이다.

「상징」이란 무엇인가? 예를 들어 보겠다.

작년에 나는 쇼타로라는 친구를 만나러 구마모토에 갔었다. 즐거운 여행이었다.

여행을 기념하여 구마모토의 상징인 「쿠마몬(구마모토현의 마스코트)」의 인형을 하나 사 왔다.

구마모토에 간 것은 몇 개월 전이지만, 쿠마몬의 인형을 볼 때마다 「아소산의 풍경」, 「쇼타로 군과의 바비큐」, 「신칸센을 놓쳐 버린 기억」 등 각각의 추억이 동시에 떠오른다.

이것이 「상징」의 힘이다.

쿠마몬이라는 「상징」이 구마모토에서 느꼈던 「감정」을 불러일으키는 것이다.

같은 이치로, 「대일여래」도 깨달음의 세계가 가득 담긴 「상징」

인 것이다.

「모든 만물과의 연결됨」의 상징, 대일여래. 그것은 어쩌면 「우주 그 자체」다.

깨달음에 도달하면 모두 똑같아진다

여기서 한 번 생각해 보자.

붓다는 해탈해서 「모든 만물과 연결된 상태」에 이르렀다.

우리들도 깨달음에 도달하면 「모든 것들과 연결된 상태」가 될 것이다. 아마도.

그렇게 되는 모양이다.

이론상, 나 또한 인간·붓다와 궁극적으로는 같은 존재가 된다.

나도 우주.

인간·붓다도 우주.

이것을 밀교의 세계관이라고 한다.

6장 밀교 욕망은 나쁜 게 아니야
구카이의 철학

> 五大にみな響きあり。
> ― 우주는 소리를 가지고 있다.
>
> 『성자실상의』

위의 문장은 구카이의 말을 의역해 본 것이다.

구카이에게 있어 우주는 생명의 에너지가 가득 차 있는 장소다.

그리고 생명 에너지가 자유자재로 이동하고 충돌하면서 「소리」를 만들어 낸다.

화산이 폭발하는 소리도,
바람에 나무가 흔들리는 소리도,
인간이 말하는 소리도,
모든 것이 우주 자신, 「대일여래」의 소리다.
우리들이 말을 할 때는 우주가 말을 하고 있는 것이다.

「우주가 말을 한다.」고 하면 이상한 느낌이 든다.
왜인가?

「우주」와 「나」는 서로 다른 존재다.

라고 하는, 실로 허무한 픽션을 받아들이고 있기 때문이다.

「나」라는 스토리를 버리는 순간, 자신이 바로 우주라는 것을 깨닫게 된다.

나 = 우주

즉,

나 = 대일여래

인 것을 「깨닫다.」

=

그것이 구카이의 「밀교」의 목적이다.

하지만, 어떻게 해야 「깨달음」에 도달할 수 있는 걸까?

구카이가 제시한 방법은 말도 안 되게 황당하다.

6장 밀교 욕망은 나쁜 게 아니야
구카이의 철학

에잇, 대일여래가 돼 버려라! ㅎㅎ

이 발상의 가벼움…! 너무나 「인싸」적인 발언이라 호응하기 쉽지 않다.

「돼 버려라.」라니 도대체 무슨 뜻인가?

사실 여기에는 구체적인 방법들이 제시되어 있다.

대일여래와,

「몸」… 같은 포즈로
「입」… 같은 언어를 사용하며
「마음」… 같은 마음을 갖는다.

라고 하는 방법이다.

도대체 무슨 뜻인지 감이 오지 않을 것이다.

그래도 조금만 더 저를 따라와 보세요.

예를 들어 드라마를 한 번 생각해 보자.

소탈하고 장난기 많은 개그맨도 드라마 상에서라면 대통령이 될 수 있다.

「몸」… 대통령과 같은 포즈로

「입」… 대통령과 같은 말투를 사용하며

「마음」… 대통령과 같은 마음을 갖는다.

 이렇게 「대통령」으로 완전히 세팅하면 「대통령」인 것이다.

 같은 원리로, 「대일여래」로 완전히 변신하면 「대일여래」가 된다.

 이처럼 구카이는 말하고 있다.

 라고 책을 쓰고 있지만, 「아, 그렇구나!」라고 납득할 사람은 없을 것이다.

 드라마는 단지 드라마일 뿐.

 현실에서 정말 「대통령」이나 「대일여래」가 될 수 있는 것은 아니잖아, 라고.

 좀 **「어린애 같은 발상」**이라고 생각하지 않아? 솔직히 나도 처음에는 그랬다.

 그러나, 우리 어른들은 인간이 **「완전히 그 상태로 변신하는 힘」**에 대해 간과하고 있다!

 이것이 구카이 철학의 핵심이기 때문에 차분히 소개하겠다.

6장 밀교 욕망은 나쁜 게 아니야
구카이의 철학

한 예로, 실제로 개그맨이 대통령이 된 케이스가 있다.

우크라이나의 젤렌스키 대통령이다.

그는 옷을 전부 벗고 피아노를 치는 등, 몸을 과장되게 사용하는 타입의 개그맨이었다.

그런데 「국민의 종」이라는 드라마에서 대통령 역을 맡게 된다.

「몸」… 대통령과 같은 포즈로

「입」… 대통령과 같은 말투를 사용하며

「마음」… 대통령과 같은 마음을 갖는다

를 완벽하게 실행했다.

그의 대단한 열연으로 드라마는 크게 성공한다!

그러자 국민들 사이에서 **「저 사람이 진짜 대통령이 됐으면 좋겠는걸.」**이라는 기운이 일기 시작한다.

그리고 그는 실제로 대통령 선거에 출마하여 정말로 「대통령」이 돼 버렸다.

「철저하게 그 상태로 변신」한다는 것은 그 정도의 파워를 가지고 있는 것이다

개그맨도 대통령이 될 수 있다.

어쩜 나도 가능할지 몰라!?「인싸」적인 발상에 물든 듯하다.

「철저히 변신할 수 있는 것」의 힘

개그맨이 대통령이 되다.

그런 일은 거의 없어. 젤렌스키는 특별한 경우이겠지. 그렇게 생각하고 계시는가?

그러나 의외로 그렇지만도 않다.

우리들은 상상 외로 「철저히 변신하는 힘」을 사용하면서 살아간다.

한 가지 에피소드를 이야기하겠다.

얼마 전에 오사카의 유니버설 스튜디오에 다녀왔다. 일명 「USJ」다.

USJ에는 마법소설 「해리포터」의 놀이기구가 있다.

그 안의 기념품 매장에서 해리포터의 「지팡이」가 판매 중이었다.

지팡이라고 할 것도 없이 그저 평범한 「막대기」에 불과했다.

가격은 얼마나 할까? 하고 가격표를 들여다봤더니,

깜짝 놀라서 눈이 튀어나올 지경이었다.

6장 밀교 욕망은 나쁜 게 아니야
구카이의 철학

50,000원 (세금 포함)

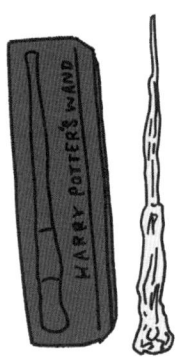

이었다. 헐! 너무 비싸잖아!!!
 생산자 분께는 죄송하지만 나무 막대기가 50,000원이나 하다니. 안 될 말씀.
 아이들은 해리포터의 교복을 입고 지팡이를 휘두르며,

「엑스펙토 패트로눔!」

이라는 주문을 마구 외치고 있었다. 기세는 완전히 해리포터가 된 듯했다.

해리포터와

「몸」… 같은 옷에 지팡이를 들고
「입」… 같은 주문을 외우며
「마음」… 같은 마음을 갖는다

내가 보기에는 「보잘것없는 나무 막대기에 50,000원이나 써 버린 바보 같은 애들」이다.
 교복은 어딘가 안 어울렸고 지팡이도 가짜. 주문을 제대로 외우지도 못했다.

그러나 그들은 「해리포터」로 완전히 변신된 상태였다.

철저히 변신하는 것으로, 어떠한 「어려움에도 도전하겠다는 용기」와 같은, 보다 소중한 마음을 획득할 수 있는 것이다.

「철저히 변신」할 수 있는 힘은 사람의 그릇을 크게 만든다.

나처럼 순수하지 못한 어른은 「변신하는 힘」을 우습게 여겨 인격적인 성장이 멈추어 버린 것이다.

30대의 백수. USJ에서 소중한 깨달음을 얻었다.

초등학교, 중학교, 고등학교, 사회인.

인생의 전환점에는 「복장」이 연관되어 있는 경우가 많다.

학교에서는 교복, 회사에서는 정장.

처음에는 옷이 잘 어울리지 않지만, 조금씩 「옷」에 어울리는 『나 자신』이 만들어져 간다.

옷이 나를 만드는 것이다.

한 가지 더.

「동경하는 인물」도 「나」를 만들어 준다.

6장 밀교 욕망은 나쁜 게 아니야
구카이의 철학

「만화의 주인공」「아이돌」「예술가」「기업인」

그들에게는 「철저히 변모」해 가는 과정이 있었고, 그래서 그러한 그들 「자신」이 만들어진 것이다.

그렇지 않습니까!?

「철저하게 변신하는 것」으로 「나」를 만들어 간다.

「나」의 한계를 벗어나서, 더욱 큰 『나 자신』이 되는 것.

구카이는 이것을 **「대아(大我)」**라고 불렀다.

밀교도 붓다의 정신을 이어받은 불교다.

붓다는 이를 「무아」라고 하였다.

「나 자신」이란 「픽션」이다.

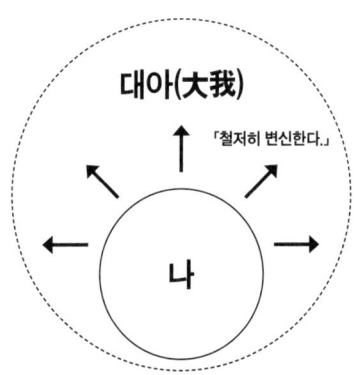

구카이는 이를 「대아」라고 하였다.

「나 자신」이 「픽션」이라면, 그것은 반대로 나는 그 어떤 큰 존재라도 될 수 있다는 말이 된다!

「무아」로 존재할 수 있을 때야말로 「대아」가 될 수 있다.

큰 존재. 예를 들면 「해리포터」 「스티브 잡스」 「어머니」

이미지는 이런(↓) 느낌.

그러나 결국, 그들 또한 「사람」이다.

유명인사들도 좋지 않은 스캔들을 일으킨다.

예전에는 존경했었는데 지금은 그다지 좋아하지 않는 경우도 많다.

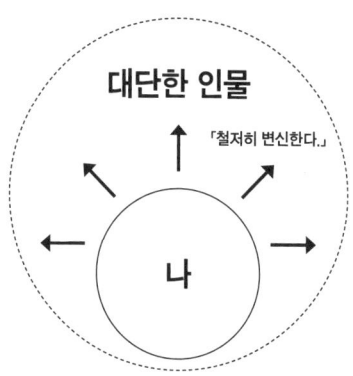

6장 밀교 욕망은 나쁜 게 아니야
구카이의 철학

그러나 구카이가 말하는「대아」는 다르다.
「대일여래」로,
최고로 큰 스케일이다.

이미지는 이런 느낌.
차원이 다른 것이다.

대일여래로 변신하다

자, 그러면 실제로 대일여래로 「변신하는 방법」에 대해 알아보자.

대일여래와,

「몸」… 같은 포즈로

「입」… 같은 언어를 사용하며

「마음」… 같은 마음을 갖는다

이다.

이것을 「삼밀」이라고 한다.

코로나 바이러스 대책으로 동경도 지사 고이케상이 삼밀(밀폐, 밀집, 밀접을 회피할 것을 권고)이라는 단어를 처음 사용했을 때, SNS에서 밀교승들이 술렁거렸었다. 밀교의 삼밀이 1,000년이나 빨랐던 것이다.

그럼, 삼밀의 구체적인 내용을 살펴보자.

대일여래로 완전히 변신한다.

이것은 해리포터로 변신하는 것과는 차원이 다르다.

6장 밀교 욕망은 나쁜 게 아니야
구카이의 철학

먼저, 대일여래와 「같은 포즈」라고 하는 것이 도대체 무엇인지, 어떻게 아냐고요.

여기서 밀교는 「상징」을 사용한다.

「이것이 대일여래의 포즈다.」라고 하는, 말하자면 「약속」이 정해져 있다.

「정해진 손 모양」을 하면 대일여래와 「몸」이 일치된다고 생각하는 것이다.

위와 같은 손모양이다.

덧붙여 말하자면, 불상 등의 독특한 손 모양을 「인(印)」이

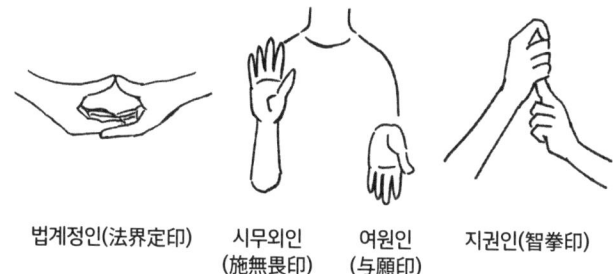

법계정인(法界定印)　　시무외인　　여원인　　지권인(智拳印)
　　　　　　　　（施無畏印）　（与願印）

라고 한다.

　여러 가지 손 모양은 각각의 고유한 이름과 의미를 가지고 있다.

　대일여래가 취하는 손 모양을 지권인(智拳印)이라고 한다.
　검지를 세운 왼쪽 손이 「인간세계」를 상징하고,
　왼손을 감싸 쥔 오른쪽 손이 「붓다의 세계」를 상징한다.

　「중생과 붓다는 하나입니다!」라고 하는 깊은 의미가 담겨져 있다.
　인을 따라하는 것으로 대일여래의 몸으로 「변신」할 수 있다고 생각하는 것이다.

6장 밀교 욕망은 나쁜 게 아니야
구카이의 철학

겉으로 보기에는 단지 손 모양을 만들었을 뿐.

그러나 해리포터로 변신한 아이들을 떠올려 보자. 그 상태로 「변신하려고 하는 마음」이 중요하며 또 그것으로도 충분하다.

◆ ◆ ◆

지금까지 「몸」, 「입」, 「마음」 중에서 「몸」의 일치를 설명했다. 다음으로는 「입」에 대해 설명한다.

「입」… 대일여래와 같은 언어를 사용한다.

어떤 말을 해야 하는가?

여기에도 정해진 약속이 있다.

「옴 바즈라다도 반」이라고 외우는 것이다.

이것을 「진언」이라고 하며, 흔히 말하는 주문의 일종이다.

구카이의 밀교를 전하는 종파를 **「진언종」**이라고 하는데, 진언은 구카이의 철학에 있어서 그 정도로 중요하다.

진언종의 절에서는 매일 「진언」이라는 이름의 주문을 외우고 있다.

현대에도 주문이 사용되고 있다니!?

구카이의 철학을 알기 전까지는 그런 사실을 전혀 알지 못했다. 놀라운 마음과 함께, 그런 전통이 지금까지 이어져 오고 있다는 사실에, 왠지 모르게 가슴이 두근거리고 신기하다.

◆ ◆ ◆

「몸」, 「입」까지 살펴봤으니 마지막으로 남은 것은 「마음」이다.

대일여래와 마음을 일치시킨다. 어떻게 하면 되는가?

솔직히 말하겠다. 잘 모른다!

이것은 직접 밀교의 수행을 행하는 사람들만이 배울 수 있다고 한다.

「인」과 「진언」은 일반인에게는 알려지지 않은 비밀들이 상당히 많다고 한다.

하지만 일반인들도 따라 할 수 있는 「마음의 일치」도 있다.

대일여래의 모습을 마음속으로 그리는 것으로, 비교적 심플하다.

대일여래는 「모든 것들과 연결」되어 있으므로 그 크기가

6장 밀교 욕망은 나쁜 게 아니야
구카이의 철학

어마어마하다.

그렇기 때문에 「그림」이나 「불상」이라고 하는 상징을 사용한다.

쿠마몬이 거대한 구마모토를 상징할 수 있는 원리다.

해리포터에도 안경과 이마의 번개라는 「상징」이 있다.

대일여래는 다음의 일러스트와 같이 그려진다.

이 모습을 마음에 그리는 것만으로 대일여래와 똑같은 마음으로 「바뀔 수 있다.」고 한다.

지금의 내용을 다시 한번 정리하자.

대일여래의

「몸」… 손 모양(印)을 만든다

「입」… 진언을 외운다

「마음」… 모습을 마음에 그린다

는 것으로 대일여래로「변신한다」.

이 세 가지 모두 전적으로 상징의 힘을 사용하고 있다.

이것이 구카이가 제시한 깨달음에 도달하기 위한 방법이다.

이름하여, **「즉신성불」**이라 한다.

「상징」은 흥미롭게도 완전 픽션 그 자체다.

하지만 「현실」이라고 하는 픽션을 깨부수는 최후의 픽션인 것이다.

이 방법은 얼핏 보면 「어린아이들 장난」처럼 느껴진다.

그러나 한번 생각해 보시라.

똑똑한 척하는 우리 어른들의 현실을 깨뜨려 주는 것은 해리포터로 「변신할 수 있는」 아이들의 순수함이다.

「어린애들 같다」는 말은 아이들이 따라 할 정도로 우리

6장 **밀교** 욕망은 나쁜 게 아니야
구카이의 철학

인간들에게 근본적인 영향력을 끼칠 수 있다는 뜻이 된다.

아이들과 같은 순수함으로 대일여래로 「변신할 수 있는 힘」은 절대 무시할 수 없는 큰 파워임에 틀림없다.

순수하면 효과가 있지만, 그렇지 못하고 비 웃는 다면 효과는 없을 것이다.

생명을 긍정한다고 하는 것은…

여기서 다시 만다라 이야기로 돌아가자.

만다라에는 「밀교」만의 대단히 독특한 특징이 잘 나타나 있다.

다시 한번 306페이지의 만다라를 봐주시기를 바란다. 좀 관능적이지 않은가?

아니 직설적으로 말하자면,

만다라는 **「아주 야하다」.**

태장만다라라는 이름만 보더라도,

태반의 「태」자로 육체를 떠올리게 한다.

가장 중심의 꽃잎으로부터 밖을 향하여 많은 사람들을 만들어 내는 구조다.

그림에 그려져 있는 붓다들도 중성적인 분위기가 느껴진다.

일반적으로 불교에 있어 **성욕은 적이다.**

그러나 밀교는 「성」의 에너지조차도 긍정한다.

성의 에너지 또한 우주의 일부이기에.

아니, 오히려 성의 에너지야말로 「생명의 비밀」의 한가운데에 위치하는데, 밀교는 한 바퀴 돌아서 성의 에너지를 긍정한다.

이것이 불교의 최종적인 형태다.

그러나! 특히 신경 써서 주의하시길 바란다.

밀교는 「무분별하게 섹스를 즐겨도 된다.」는 가르침은 결코 아니다.

구카이와 제자들은 섹스 금지의 계율을 지켜 왔다,

전문가도 아닌 내가 말하는 것은 우습지만, 이것만큼은 절대적으로 주의하지 않으면 안 된다.

실제로 밀교는 사이비 신흥종교들이 자기들 편의에 따라 마음대로 해석하며 이용해 왔다.

6장 밀교 욕망은 나쁜 게 아니야
구카이의 철학

그렇기 때문에 밀교는 「비밀」스럽게 전해져 온 것이다.

나 또한 일반인이기 때문에 밀교에 대해서는 대부분의 책들이 소개하는 첫머리 부분 정도의 지식만을 소개할 수 있다.

더 공부해 보고 싶은 분들은 기회가 되실 때 「진언종」 절의 스님을 찾아가 보시길 권한다.

그리고 또 한 가지 밀교의 특징을 소개하고자 한다.
보통 불교에서는 분노를 부정한다.
그러나 **밀교는 「분노의 에너지」를 긍정한다.**

만다라의 안에는 괴상망측한 분위기의 인물이 있다.

무시무시하게 생긴 성난 사람. 이를 「부동명왕」이라고 한다.

일본에서는 아주 인기가 많은데, 이미 알고 있는 사람도 적지 않을 것이다.

도대체 무엇 때문에 화를 내고 있는 걸까?

부동명왕은 「겁나게 무섭지만 사실은 제자들을 끔찍이 위하는 정열적인 선생님」 같은 존재다. 넘치는 성욕을 어

쩔 줄 몰라하는 사춘기의 중고생을 엄격하지만, 올바른 길로 선도해 준다.

밀교는 성욕과 같은 「잘못 사용하면 패가망신하는」 에너지를 긍정한다.

그렇기 때문에 잘못된 길에 들어선 사람들을 따끔하게 야단쳐서 올바른 길로 인도해 줄 필요가 있다.

만약에 우리들이 「밀교에서는 성을 긍정하니까 섹스를 닥치는 대로 마구 즐겨 보자!」라고 착각해서 그릇된 길로 들어선다면, 등뒤에서 분노의 불꽃을 태워, 오른쪽 손의 검으로 유혹을 내리쳐 끊어 주고, 왼쪽 손에 든 새끼줄로 꽁

6장 밀교 욕망은 나쁜 게 아니야
구카이의 철학

꽁 묶어 올바른 길로 선도해 줄 것이다. 에고, 무서버라….

부동명왕도 이 우주의 작용 중 한 가지를 대표하는「상징」이다.

실제로 20세기에는 밀교철학을 악용한 사이비 종교들이 많이 등장했지만 대부분이 단기간에 해체되고 말았다. 상대를 얕보고 설쳐대면 다치기 십상이다.

성에너지란 무엇이냐?

그건 그렇다 치고, 성에너지를 긍정한다는 말이 무슨 의미인가?

이 문제에 대해서 만큼은 밀교의 스님들 말고는 알 수 없는 영역이다.

그렇다 한들 궁금증이 사라지지는 않을 것이다. 인간이기에 당연하다.

라는 구실로, 지금부터는 완전히 나만의 상상력을 발휘해 서술해 보겠다.

밀교에서「성에너지」를 긍정한다는 것은 어떠한 의미인가.

나의 주관적인 해석을 방출하겠다.

비전문가의 의견이니만큼 너무 심각하게 듣지는 마세요!

◆ ◆ ◆

백수가 된 후, 나는 지금까지 알지 못했던 새로운 세계를 경험하게 되었다.

나는 가끔 동네에 있는 공원에 들르곤 했다.

그때마다 매번 단정한 옷차림의 아줌마 한 분이 비둘기들에게 먹이를 주고 계셨다.

옆에는 「비둘기에게 먹이를 주지 마시오.」라는 푯말이 큼지막하게 세워져 있었다.

예전 같았으면 「별 이상한 아줌마」를 다 보겠네, 라며 그냥 지나치고 말았을 것이다.

그녀는 매일 꽤 많은 양의 먹이를 뿌리고 있었다. 먹이를 사는 값만도 만만치 않을 듯했다.

돈을 길거리에 버리는 것이나 다름없지 않은가. '비합리적인 행위다.'라는 생각밖에 들지 않았다.

그러나 백수가 되고 난 후에는 그 아주머니의 마음을 알 수 있을 것 같았다. 아니, 알아 버리고 말았다, 라고 해야 할지도 모르겠다.

아줌마는 비둘기에게 먹이를 주는 행위로부터 엄청난 쾌감을 느낄 수 있는 것이다.

추측이지만, 아줌마에게는 섹스보다도 기분 좋은 행위일지 모른다.

어떠한 의미인가?

나도 「아싸」인지라, 「섹스」에 대해서 많은 지식을 소유하고 있는 편은 아니지만, 최대한의 노력을 기울여서 도식화해 보겠다.

섹스에는 대략 두 종류의 「쾌감」이 존재하는 것으로 예상

된다.

하나는 몸으로 느끼는「자극」. 육체적인 것.

또 하나는 마음으로 느끼는「융합」. 정신적인 것.

마음의「융합」이라는 것은 어떠한 의미인가.

먼저「나」와「상대」가 존재한다.

이 픽션이 섹스를 통해서 붕괴된다.

「나」는「너」

「너」는「나」

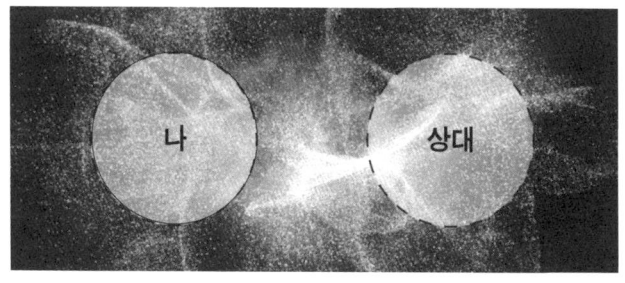

와도 같은 경지에 이른다.

나는 이 분야의 전문가가 아니기 때문에 구체적인 설명은 불가능하다.

6장 밀교 욕망은 나쁜 게 아니야
구카이의 철학

그러나 육체적인 「자극」보다 마음의 「융합」에서 느끼는 「기쁨」이 더욱 크지 않을까.

육체적인 자극만을 원한다면 상대는 굳이 필요치 않다.

여기서 다시 비둘기 아줌마의 이야기로 돌아가자.

아줌마는 먹이를 주는 행위로부터, 자신의 마음과 우주의 「융합」을 느꼈던 것이다.

아줌마의 「나」라는 픽션이, 땅에 먹이를 뿌리는 순간, 우주와 서로 융화되어 붕괴되고 있었다.

몸의 자극에서 벗어난 순수한 마음의 융합.

그 쾌감을 아줌마는 음미하고 있었던 것이다.

같은 이치로 온종일 밭에서 농사일을 하고 계시는 할아버지 또한 섹스보다도 「기분이 좋다.」고 여기는 것이 분명할 거라 짐작된다.

나 역시 백수 생활이 절정에 달했을 즈음 목적지도 없이 전철을 타고, 「어르신들」에게 「좌석을 양보」하는 일을 수시로 한 적이 있었다.

전철에서 좌석을 양보하면 「나」라는 자아가 사라져서, 진짜 기분이 좋았다.

너무 기분 좋은 나머지 의존적으로 변질될 것 같아서 중간에 그만두기로 했지만 말이다.

◆ ◆ ◆

이쯤 해서, 제1장에서 인용한 붓다의 말을 다시 한번 떠올려 보자.

> 「내가 존재한다」는 만심을 버려라.
> 그것이야말로 최상의 안락이다.
>
> 『우다나바르가』 30장 19

지금 이 타이밍에서 붓다의 말을 인용한다면 분명 누군가에게 꾸중을 들을지도 모른다. 죄송합니다!

그러나 붓다도 「자아」가 사라지는 것을,
「최상의 안락」,
즉
「최고로 기분 좋다..」라고 말하고 있다.

6장 **밀교** 욕망은 나쁜 게 아니야
구카이의 철학

아마도 밀교는 붓다의 깨달음의 경지인「기분이 좋다.」에 관한 비밀을 구체적으로 밝힌 것이 아닐까, 라고 생각한다.

성욕, 가져도 괜찮다

구카이의 이야기로 돌아가자.

밀교의 철학에는 또 한 가지 대단히 독특한 특징이 있다.

「욕망」의 긍정이다.

「돈」

「명예」

「인기」

를 모두 추구해도 O.K.

「욕망을 가져도 괜찮아!」라고 긍정해 버린다. 「인싸」니까 당연하다.

물론 불교에서는「돈」,「명예」,「인기」는 모두 픽션이고 환상이다.

환상을 쫓아다니면 고통이 동반된다.

자, 그럼 밀교는 어째서 인간의 욕망을 긍정하는가?

「욕망」을 「더욱 커다란 욕망」으로 키우자, 라는 것이 밀교의 입장이다.

이를 「대욕(大欲)」이라고 한다.

「돈을 많이 벌고 싶다.」도 좋지만,

「돈을 벌어서 많은 사람들을 돕고 싶다.」라고 크게 생각한다.

그러면 큰 나, 「대아(大我)」가 되는 것이다.

욕망의 스케일을 키우면 역으로 깨달음의 경지에 가까워진다는 이론.

이는 예를 들면, 불량배 기질의 사장이 돈에 눈이 멀어 사업을 크게 벌인 결과 대성하여 많은 사람들을 돕게 되고, 뜻하지 않게 부처님 같은 인격자가 되었다는 스토리와 비슷하다.

다음과 같은 말이 있다.

> 깨달음을 목표로 자비심을 잃지 않고 사람들을 돕는 것을 궁극으로 삼는다.
>
> 『대일경』주심품

6장 밀교 욕망은 나쁜 게 아니야
구카이의 철학

밀교에 있어서 「공」은 이해하고 끝내는 성질의 것이 아니다.

타인을 돕는 행위로 이어질 때야말로 최고의 가치인 것이다.

그렇게 하면 「나」라는 자아가 사라지고 엄청 기분이 좋아진다.

「밀교」란, 그런 의미의 종교다! 아마도!

나와 「밀교」

마지막으로, 지금부터는 「밀교」 철학이 내 인생에 있어서 어떻게 도움이 되었는가에 대해 이야기하겠다.

지금 돌이켜 생각해 보면 정말로 대단한 경험을 했다.

처음부터 나 같은 사람이 「동양철학에 관한 책을 쓴다.」는 자체가 말도 안 되는 모순이었다.

책을 낸다는 행위 자체가 타인으로부터의 「인정」이라는 픽션의 한가운데에 위치한 인정욕구의 결정체가 아니고 무엇이겠는가.

그런데도 불구하고 테마가 동양철학이다. 인정욕구로 손발이 꽁꽁 묶여 버린 나라는 인간이, 「인정욕구」로부터 해방되는 방법에 대한 책을 써야 한다는 사실이 꽤나 고통스러웠다. 내가 쓴 그 어떤 내용도 거짓말처럼 들릴 것이 뻔했다.

사실, 출판사로부터 이 책의 제안을 받은 것은 2020년이다.
편집자로부터 「3개월 안에 써 달라.」는 제안을 받고, 나는 「좋다」는 답을 했다.
지금은 2024년이다.
인정욕구로부터 자유롭지 못한 인간이 동양철학에 관한 책을 쓴다는 모순적인 상황에 괴로워한 나머지,

3년 반이나 걸렸다.

3년 동안 완성된 원고는 한 장도 없었다. 책을 낸 적도 없는 무명인에 백수인 주제에 마감일을 아마도 30번 정도 연기했었던 것 같다. 너무 많은 민폐를 끼쳐서 면목 없다. (정말 죄송했습니다.)
3년 반.

6장 밀교 욕망은 나쁜 게 아니야
구카이의 철학

30대 초반이었던 나는 어느새 35살이 되었다.

그런데 이 3년 반 동안 부쩍 성장했다는 느낌이 든다.

원래 이 책의 시작은 백수 생활이 절정에 달했을 무렵에 썼던 한 편의 글이 계기가 된 것이다.

동양철학서 50권을 읽었더니, 「진정한 자아」따위는 아무래도 좋다, 라고 생각하게 된 이야기

라는 제목의 글이었다.

읽어 보면 바로 눈치챌 수 있지만 중요한 내용은 거의 없다.

일부러 중요하지 않은 내용을 다루었다기보다는 당시의 동양철학에 대한 이해도는 대부분이 그 정도의 수준이었다.

그 후, 책 출판에 대한 제의를 받았고, 강한 인정욕구로부터 벗어나지 못한 나는 결국, 3년 반의 시간을 마치 엄격한 수행생활이라도 하듯이 보내야 했다.

가능한 이상한 해석이 되지 않도록 하기 위해서, 동양철학에 관한 책을 읽고 읽고 또 읽었다.

내가 잘 알지 못하는 내용이 너무 많아서, 진언종 스님에게 여러 가지 질문을 해야 했으며, 실제로 산에 오르는 수행에 동행을 하기도 했다.

 무엇보다도 책을 쓴다는 중압감과 싸운 결과, 이전의 「나 자신」보다도 내면의 깊이가 한층 더 깊어진 느낌이 든다.

 실제로 인정욕구에서 해방되지 못하면 문장이 전혀 써지지 않았다.

「이런 내용을 쓰면 독자들이 싫어할까.」

「그런 일은 두 번 다시 생각하고 싶지 않아.」

 라는 등의 생각이 방해가 돼서 좋은 아이디어가 전혀 떠오르지 않았다.

 결국 하루 종일 멍하니 나의 내면을 관찰하고 의문점이 남는 내용이 있으면 그걸 해소하는 데에 시간을 보냈다.

 그것을 「명상」이라고 말할 수는 없겠지만, 명상에 가까운 것을 몇 년간 계속 이어 오고 있었던 셈이다.

 그리고 「아휴, 나도 모르겠다.」라는 생각과 함께, 「자아」에 대해서 해방된 순간, 문장이 술술 풀리기 시작했고 여기까지 쓸 수 있었다. 좋은 글이 써졌는지는 잘 모르겠지만….

 인정욕구를 좇아 온 결과, 인정욕구를 어느 정도는 극복할 수 있었다. 인간의 「욕구」조차도 깨달음의 경지에 이르는 과정인 것이다.

6장 밀교 욕망은 나쁜 게 아니야
구카이의 철학

밀교의 철학에 큰 도움을 받았다.

그리고 문장을 쓰는 사람은 「나 자신」이지만, 「나 자신」이 아닌 것도 같았다.

이 장에서 「내가 말을 하고 있을 때, 사실은 대일여래가 말을 하고 있는 것이다.」라고 썼지만,

「내가 문장을 쓰고 있을 때, 실은 대일여래가 쓰고 있는 것이다.」

라는 느낌이 들었다.

「나 자신」이 상상도 못 했던 문장이 나오고,

그것을 읽어 보고 스스로 무엇인가를 납득하곤 했다.

구카이의 철학에서는 「법신설법」이라고 해서, 이를테면 「우주의 존재가 그 자체로서 불교의 가르침을 준다.」라는 의미로 해석되는데, 나는 그게 무슨 뜻인지 제대로 이해하지 못했었다. 그러나 실제로 책을 쓰는 행위는 내가 나를 스스로 깨우치게 만드는 셀프설법의 과정인 것이었다.

나 자신이면서도 내가 아닌 것 같은 신기한 감각.

시작하는 말에서 「일을 하는 의미」를 찾을 수가 없었다, 라고 썼었다.

그랬던 내가, 나도 모르게 엄청 열심히 책을 쓰는 일에 빠져 있었다.

특히 최근 3개월간은 휴일도 없이 밤새워 책을 썼다.

지금이라면 「일을 하는 의미」에 대해서 말할 수 있을 것 같다.

지금부터 이 책을 세상에 뿌릴 것이다. 내가 배우고 깨달은 것을 모두 여러분들께 바친다.

그것은 아마 비둘기에게 먹이를 주는 아줌마의 행위와도 같을 것이다.

「나」라는 의식이 사라지면서 너무 기분이 좋다.

「일을 하는 의미」란, 기분이 좋기 때문, 입니다.

조금 전에 위와 같은 약간 이상한 정신상태로 밖에 나갔더니 눈앞에 이러한 풍경이 펼쳐져 있었다.

「하늘(空)」과 「바다(海)」가 바로 눈앞에 펼쳐져, **「아, 구카이가 진짜 존재하는구나.」**라는 생각이 들었다.

게다가 대일여래라는 단어에는 「일」이라는 글자가 들어간다.

6장 **밀교** 욕망은 나쁜 게 아니야
구카이의 철학

「태양」의 이미지다.

「하늘」과 「바다」가 「태양」과 합일을 이루고 있다.

진언종에서는 「구카이는 아직 살아 있다.」라고 이야기한다.

나는 「말도 안 된다.」고 생각했지만 구카이는 모든 존재들의 연결됨과 합일을 이루었기 때문에,

「그의 육체는 존재하지 않지만 지금도 살아 있다.」는 말은 전혀 근거 없는 말이 아닐지도 모른다.

구카이는, 「하늘」과 「바다」와 「태양」 바로 그 자체가 되었다, 「인싸」의 결정판이다.

말로 잘 설명이 되지 않지만, 「아, 구카이 씨가 계시네.」라고 생각한 순간,

왠지 모르지만 『나 자신』을 「아싸」라고 생각하며 전전긍긍했었던 문제들이 어리석게 느껴지기 시작했다.

그 후에 곧바로, 이제껏 살 엄두가 전혀 나지 않았었던 인싸 느낌의 알로하 셔츠를 사 입었으며, 절대 가입하지 않았을 소개팅 앱에 가입을 해서, 거기서 만난 사람과 사귀어, 2개월 후에는 아이가 생겼다.

「나 자신」에 대해 「아싸」, 「결혼은 적성에 안 맞아.」, 「아빠가 될 자격이 없어.」 등, 머릿속에서 끊임없이 되풀이하며 부정적으로 생각했었던 것들이 모두 거짓말처럼, 「자아」가 사라짐과 동시에, 갑자기 인생이 꿈틀거리며 작동하기 시작했다.

이런 일도 있네요, 그려.

~ 끝 ~

끝맺는 말

원고를 드디어 다 썼습니다!

한시름 놓고 기쁜 마음으로 친구에게 「이제야 다 쓴 거 있지!」라고 말했더니, 「아직도 쓰고 있었던 거야?」라며 오히려 어이없다는 기색이었다. 다 쓰고 나니 기분이 좀 이상하다.

끝맺는 말에 특별히 쓸 내용은 없다.

「시작하는 말」을 쓰는 데는 3년이나 걸렸었건만, 마지막 6장은 어쩐 일로 하루 만에 다 쓸 수 있었다.

원고를 다시 읽어 보니 뒤로 가면 갈수록 내가 썼다는 게 믿어지지 않는다.

책을 쓰면서 점점 나의 「자아」가 사라져 가는 듯했다. 지금은 내 안이 텅 하니 비어 버린 느낌이다. 이제부터 여러 방면의 사람들과 만나 이야기하면서 「저 책 썼거든요.」라는 등의 말을 떠들어 댈 것이고, 그러면서 기분이 좋아져 흩어졌던 자아는 또다시 몽글몽글 올라올 것이다.

일이 순조롭게 진행되면 반드시 인간관계에서 뼈아픈 패배를 맛보고 소중한 것을 잃게 되는 일련의 프로세스가 눈에 훤하다.

  설사 그렇다 하더라도 '다시 처음부터 새롭게 출발하면 되지, 뭐.'라고 생각할 수 있게 된 것은 동양철학과 만난 후, 내가 긍정적으로 바뀐 점이다. 어쩌면 방 청소와 같은 것으로 정기적으로 청소하지 않으면 깨끗해지지 않기 때문에 가능한 이「텅 빈」상태의 안락함을 기억해 두고자 한다.

  나는 나 밖에 생각할 줄 모르는 인간이지만,「텅 빈 껍데기」의 상태인 지금,「모든 존재와의 연결됨」을 느낄 수 있음에 감사할 따름이다.

  생을 부여받아 살아 숨 쉬는 모든 것에 감사의 뜻을 전하고 싶지만, 지면의 한계가 있는 관계로「인류」에 한정하여 감사의 마음을 전한다.

◆ ◆ ◆

마지막으로,
책의 감상을 듣고 싶습니다.
#나 자신 따위는 없다.
를 붙여서 SNS에 올려 주시면 저도 읽을 수가 있으니 잘 부탁드립니다!

끝맺는 말

    마음에 드시는 페이지의 사진을 찍어서 올려 주시거나 스크린샷을 올려 주시는 것도 대환영입니다!

    7명의 철학자를 소개했습니다만, 제일 마음에 든 사람이 누구인지와 같은 내용에 대해서도 알고 싶습니다!

    그리고 스님이나 연구자 분들을 포함한 전문가분들의 지적 또한 같은 해시태그로 기다리겠습니다! 읽어 보고 제 자신을 위한 좋은 공부의 기회로 삼겠습니다!

    끝까지 읽어 주셔서 감사합니다!

참고문헌

 이 책은 불교 관계자와 연구자분들이 공유해 주신 지식과 견문 덕분해 세상에 나올 수 있었습니다. 책의 내용은 저의 독특한 견해로 썼기 때문에 「참고문헌」을 밝히는 것이 실례가 되지 않을까 걱정입니다만, 감사의 마음을 담아 출처로 하겠습니다.

 한정된 지면의 사정상 극히 일부의 선생님과 서적명 밖에 싣지 못하는 것이 유감입니다.

전체
「동양철학」이라는 단어는 스즈키 다이세츠 선생님과 이즈쓰 도시히코 선생님으로부터 영향을 받았습니다. 특히 스즈키 다이세츠 선생님의 『불교의 대의』, 김용환 김현희 역(정우서적)은 동양철학에 푹 빠지는 계기가 된 책으로 몇십 번이나 읽었습니다. 그리고 다음의 시리즈 책은 전체적인 맥락에서 많은 도움이 되었습니다. 『仏教の思想』시리즈(角川ソフィア文庫), 나카무라 하지메 선생님의 『東洋人の思惟方法』(春秋社)

제1장: 무아

나카무라 하지메/『ブッダのことば』(岩波文庫)『真理のことば 感興のことば』(岩波文庫), 『原始仏教の成立』(春秋社), 그리고 알루보물레 스마나사라 선생님, 우오카와 유우지 선생님의 테라와다불교의 견지에서도 배움을 얻었습니다.

제2장: 공

나카무라 하지메『용수의 중관사상』(여래 동양철학 시리즈)/爪生津隆真『龍樹 : 空の論理と菩薩の道』(大法論客)/카지야마 유이치, 爪生津隆真『大乗仏典(14)龍樹論集』(中公文庫)/카지야마 유이치『般若経 空の世界』(講談社学術文庫)/가쯔라 쇼류, 고시마 기요타카 저 배경아 역『중론-용수의 사상 저술 생애의 모든 것』(불광출판사)/『龍樹菩薩伝』(高校生にもわかる大蔵経現代日本語訳プロジェクト)

그리고 이 책의 모든 장은 화엄철학으로 연결하고 있는데, 주로 카마타 시게오 선생님의 화엄철학의 관한 저서를 참고로 했습니다. 카마타 시게오『화엄의 사상』(고려원)/中村元『華厳経』,『楞伽経』(東京書籍)/이즈쓰 도시히코『コスモスとアンチコスモス』(岩波文庫)/틱낫한『ティク・ナッ

ト・ハンの般若心経』(新泉社)

제3장: 도

『노자』원전은 蜂屋邦夫 선생님, 이케다 도모히사 선생님, 金谷治 선생님의 번역을 참고하면서 이즈쓰 도시히코 선생님·古勝隆一 선생님의 번역을 베이스로 해서 표현을 다듬었습니다.

『장자』원전은 후쿠나가 미츠지 선생님, 이케다 도모히사 선생님의 번역을 종합적으로 참고하면서 의역하였습니다. 본래 저는 번역을 할 만큼의 실력이 없지만, 되도록 이해하기 쉽게 번역했으며, 최대한 본래의 의미를 훼손하지 않도록 주의를 기울였습니다.

노장사상의 해설로는 이하를 참고하였습니다. 모리미키 사부로『老子・荘子』(講談社学術文庫)/나카지마 다카히로『荘子の哲学』(講談社学術文庫)/겐유 소큐『荘子と遊ぶ』(筑摩書房)/다카하시 겐타로『真説・老子』(草思社)또한, 야스토미 아유미 선생님, 카지마 쇼조 씨의 해석에도 자극을 받았습니다. 시인 치가 가즈키 씨의『タオ・コード』(徳間書店)에서 다룬「성」의 해석은 밀교의 장을 쓸 때 큰 힌트를 주었습니다.

제4장: 선

스즈키 다이세츠 『불교의 대의』 김용환 김현희 역(정우서적)/카마타 시게오 『中国の禅』(講談社学術文庫)/이리야 요시다카 『臨済録』(岩波文庫)/이즈쓰 도시히코 『コスモスとアンチコスモス』(岩波文庫)

또한, 직접 언급은 하지 않았습니다만, 도겐 선사의 사상과 마스타니 후미오 선생님, 頼住光子 선생님, 후지타 잇쇼 선생님의 저서를 참고하였습니다. 원각사 요코타 난레이 관장님의 블로그에서도 큰 힌트를 얻었습니다.

제5장: 타력

이 장에서는 「아미타불」이나 「정토」라는 단어를 거의 사용하지 않는 형식으로 썼기 때문에 관계자분들에게는 죄송하기 짝이 없습니다. 신란 성인에 대해서는 주로 스즈키 다이세츠 선생님의 『真宗とは何か』(法蔵館), 우메하라 다케시 선생님의 『歎異抄』(講談社学術文庫), 楠恭 선생님의 『妙好人を語る』(NHK出版), 호넨 상인에 대해서는 마치다 소호 선생님의 『法然対明恵』(講談社選書メチェ) 등의 저서로부터 배움을 얻었습니다. 교행신증은 가네코 다이에이 선생님의 구어역을, 정토 삼부경은 大角修 선생님의 현대어역을 참조하였습니다. 그리고 다른 장과의 연결을 고려해서 사이구사 미쓰요시 선생님의 『龍樹・親鸞ノート』(法蔵館), 中村薰 선생님의 『親鸞の華厳』(法蔵館)도 참고하였습니다.

신란 성인의 말을 인용할 때는 釈徹宗 선생님의 『親鸞100の言葉』(宝島社)가 큰 도움이 되었습니다.

제6장: 밀교

주로 加藤精一 선생님의 『即身成仏義』, 「声字実相義」, 「吽字義」, 『弁顯密二教論』, 『秘蔵宝鑰』(角川ソフィア文庫)를 참고하였습니다.

밀교경전은 미야사카 유소 선생님, 大角修 선생님, 마사키 아키라 선생님의 저서를 참조하였습니다.

밀교철학의 해설은 우메하라 다케시 선생님, 송장유경 선생님, 頼富本宏 선생님의 저서를 주로 참고하였습니다. 이즈쓰 도시히코 선생님의 논문 『意味文節理論と空海』와, 清水高志 선생님의 『空海論/仏教論』(以文社)로부터 많은 영감을 얻었습니다.

또한 밀교의 현장을 이해하는 데에는 中村公隆 선생님, 永久保貴一 선생님의 저서가 꽤 많은 도움이 되었습니다.

참고문헌

마지막으로:

승려도 아니고 연구자도 아닌 제가 동양철학에 대한 책을 쓰면서 길을 잃지 않기 위해서 大田俊寬 선생님, 瓜生崇 선생님, 中島岳志 선생님의 저서로 공부하였습니다.

또한 직접적인 참고문헌은 아닙니다만, 본 서를 집필하게 된 계기가 되어 준 책들을 소개하겠습니다.

- 이츠키 히로유키『대하의 한 방울』(지식여행)이 책이 동양철학에 흥미를 가지게 된 계기가 되었습니다.
- 구사나기 류순『반응하지 않는 연습』(위즈덤하우스)은 회사원 때 읽고 마음의 위안을 얻었습니다.
- 미나미 지키사이『超越と実存』(新潮社)로 불교역사의 전체상을 그릴 수 있었습니다.
- 中沢新一『レンマ学』(講談社)로 화엄철학을 접할 수 있는 기회를 얻었습니다.
- 落合陽一『デジタルネイチャー』(PLANETS)에서는 화엄철학을 하나의 탐구의 장으로 삼는 모습에 큰 자극을 받았습니다.
- 이노우에 다케히코『배가본드』(학산문화사)에서 불교의 정신을 배웠습니다.

또한 サレンダー橋本 선생님의 만화는「뒤틀린 인간들」

의 모든 것이 담겨 있어서 정말로 큰 도움을 받았습니다.

집필 작업이 좀처럼 진행되지 않아 심적으로 힘들 때에는 千葉雄也 선생님과 坂口恭平 선생님의 저서에서 용기를 얻었습니다.

마지막으로, 이 책의 감수를 맡아주신 鎌田東二 선생님의 『ヒューマンスケールを超えて』(ぶねうま舎)는 집필과정에서 나침반과 같은 존재가 되어 주었습니다.

극히 일부밖에 소개하지 못했지만, 이렇게 많은 분들의 이름을 열거하고 보니, 이 책, 그리고 「나 자신」의 무아와 연기를 다시 한번 실감하게 됩니다. 감사합니다.

나 자신 따위는 없다

ⓒ 신메이P, 2025

초판 1쇄 발행 2025년 7월 19일

지은이　　신메이P
옮긴이　　김은진
펴낸이　　김은진
펴낸곳　　나나 문고
출판등록　2021년 12월 3일 제382-2021-000036호
주소　　　경기도 의정부시 동일로747번길
이메일　　nanamunko.pub@gmail.com
SNS　　　instagram.com/nanamunko/
　　　　　https://brunch.co.kr/@gakugei

ISBN　979-11-979909-0-8 (03150)

- 가격은 뒤표지에 있습니다.
- 이 책은 저작권법에 의하여 보호를 받는 저작물이므로 무단 전재와 복제를 금합니다.
- 파본은 구입하신 서점에서 교환해 드립니다.